# 妊活に
# いいこと大全

主婦の友社

# はじめに

「子どもは授かりものだから……」という言葉、
耳にしたことがある人も多いのではないでしょうか。
確かに「授かりもの」ではあるのですが、
人生の中で妊娠、出産できる時間は限られています。

しばらく待ってみたけれど、なかなか授からない、
年齢的にもすぐに子どもを産まないと！という考えから
〝妊活しなきゃダメなのかな……〟と、
少しネガティブな気持ちで
スタートする人も多いでしょう。

「妊活」の最大の目的はできるだけ早く妊娠すること。
そこは変わらないのですが、
生活のリズムが整って疲れにくくなったり、
食生活を見直すことで体の内外からナイスバディになれたり、
長年の冷え体質を変えられたりと、
妊娠以外にも、いいことがいっぱいあるんです！

ちょっと大げさですが、近い将来
「あのとき、妊活してよかった～」と思ってもらえるような、
妊娠できて、その先の人生にも役立つ
〝いいこと習慣〟を集めてみました。
今の生活をガラリと変える必要はありません。
無理なくとり入れられるものから、ぜひやってみてください。

# 目次

## 第2章 何をどう食べるかが大切！ おいしく食べて妊娠力を高める習慣

第4章
## 体を動かして冷えや不調を整える習慣

プチ筋トレ、ヨガ押し　ツボ、etc.



第5章
## 男性が特に気をつけたい妊活にいいこと習慣

生活習慣の見直しが大きなカギ！

# この本の使い方

本書では、できるだけ早く妊娠するための生活習慣をご紹介していますが、「ここに書かれている全部の習慣をとり入れないとダメ」というわけではありません。自分で「これならできるかも！」と思うものからぜひトライしてみてくださいね。

実践してほしい生活習慣を紹介

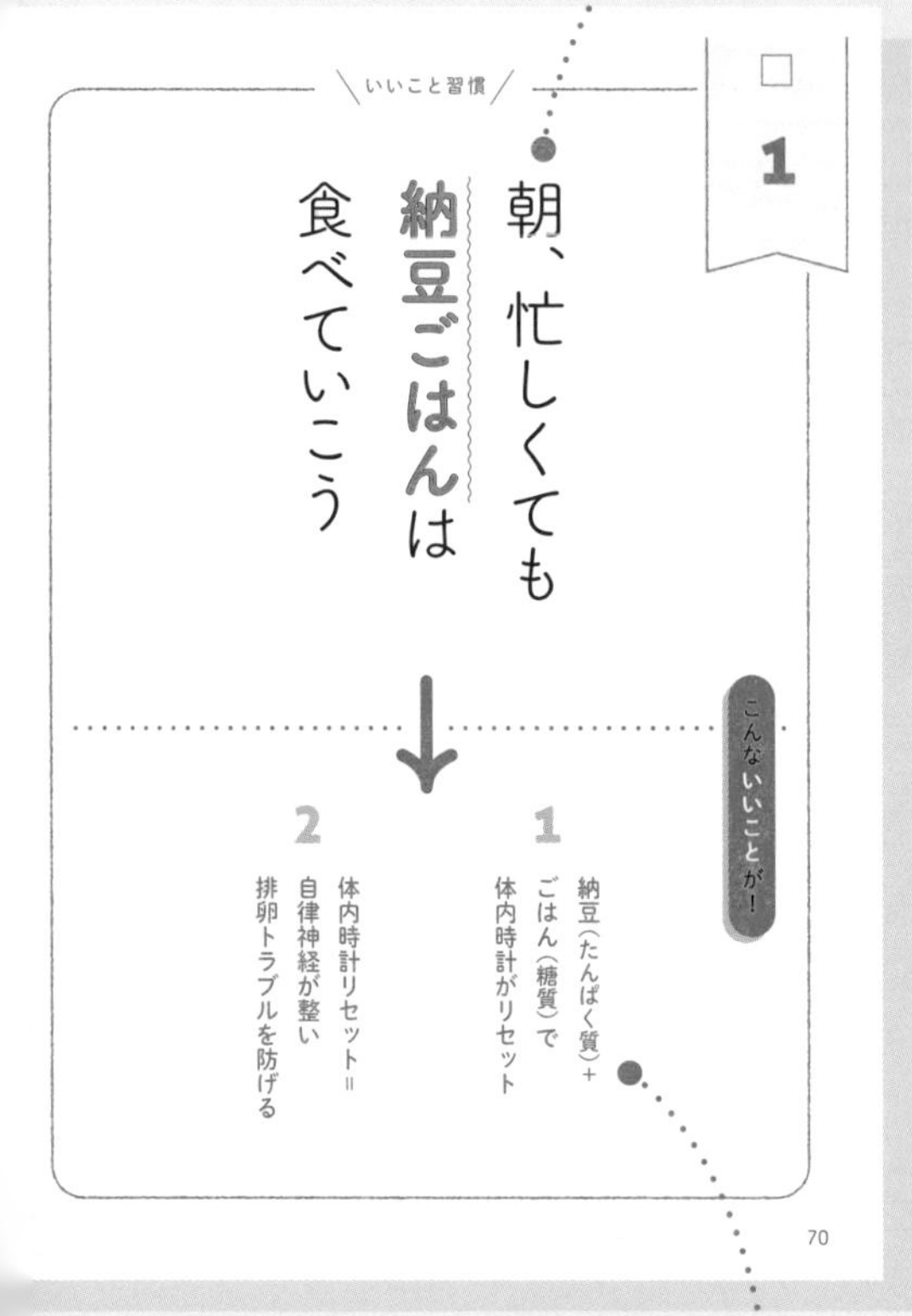

いいこと習慣

1

## 朝、忙しくても納豆ごはんは食べていこう

こんないいことが！

1 納豆（たんぱく質）＋ごはん（糖質）で体内時計がリセット

2 体内時計リセット＝自律神経が整い排卵トラブルを防げる

70

この生活習慣を行うとどんないいことがあるか

## イメージしやすいかわいいイラスト。エクササイズやツボはイラストでわかりやすく

第2章 一 おいしく食べて妊娠力を高める習慣

1日は24時間ですが、人間の体内時計は24時間より10～11分ほど長いといわれています。そのまま生活するとわずか10～11分のずれが積み重なって実際の時間と大幅にずれてしまうことに……。

妊娠を考えたら、まず体内時計を整えましょう。週末の夜ふかしや朝寝坊で、体内時計を乱しがちな生活をしていることはよくあることですが、米国の研究(※)では、時間が不規則になるシフト勤務や夜勤のある看護師には生理不順が多いことがわかっています。体内時計を整えるためには「朝日はしっかり浴びる」「夜は強い光は浴びないようにする」など、光を意識することがたいせつです。

そのほか、体内時計を整えるためには、朝ごはんも欠かせません。体内時計のリセット効果が高い糖質(炭水化物)とたんぱく質をいっしょにとりましょう。納豆ごはんや鮭茶づけ、目玉焼きトーストでOK。夜勤やシフトワークの人は、朝ごはんに魚を! さらに体内時計のリセット効果が大きくなる可能性があります。

71

※ DOI:https://doi.org/10.1016/j.celrep.2015.07.049

## 紹介した生活習慣が妊活にいい理由を解説

- 5つの章から構成されていますが、頭から読まなくてOKです。「でもどこから読めばいいか迷う」という人は、まずは第1章を読んでみてください。そのほか、食事や冷え対策、運動、男性の妊活などカテゴリー別にラインアップしているので、気になるところからチェックを。

- すべての生活習慣が妊活をしている全員の人に合うとは限りません。無理なくつづけられるものをとり入れてください。

- 序章、第1章の一部、第5章は産婦人科専門医の西弥生先生、第1章の一部、第2章は予防医療コンサルタントの細川モモさん(レシピを除く)、第1章の一部、第3章、第4章を内科医の石原新菜先生、第4章のウミヨガを木下由梨さんが監修しています。

序章

# 意外に多い〝妊活の勘違い〟。いいこと習慣を始める前に正しい知識をインプット！

一生のうち、妊娠できる期間は限られています。その限られた期間内で妊娠、出産をするには、「妊娠する方法を正しく知る」ことがたいせつです。ただ、その方法や知識を〝プチ勘違い〟している人も少なくありません。

たとえば「排卵は、左右1つずつある卵巣から、左、右と交互に起こる」と思っている人がたまにいますが、実際には、交互に排卵するとは限らず、ずっと同じ側から排卵がつづくこともあります。どこかに書いてあった知識を、部分的に勘違いしている人が多いようです。もし左右どちらかの卵巣に問題があり、うまく排卵できていないことが妊娠できない原因だったとしても、目立った不調がなく、知識もなければ、卵巣のトラブルに気づきにくくなります。そうなると妊娠できるまでに時間がかかることも……。正しい知識があれば、限られた妊娠可能な期間を有効に使え、なんらかのトラブルがあっても、早めに気づける可能性が高くなります。妊活に〝いいこと習慣〟をとり入れる前に、この本で妊娠する正しい方法をおさらいしておきましょう。

勘違い 1

## セックスの回数は〝少ない〟より多いほうが妊娠しやすい

←

正解

## 回数よりもたいせつなのは〝タイミングをとる時機〟

排卵するのは、月に1回。1回の排卵で出てくる卵子は、わずか1個です。その排卵時期（排卵日とその前の2日間）にセックスをすると、精子と卵子は出会える確率が高くなります。うまくいくと受精、着床へと進み、妊娠が成立します。たいせつなのは、この排卵時期を知ること。「下腹部が痛いからもうすぐ排卵かも」と、感覚だけを頼りにタイミングをとっても、なかなか妊娠できません。できるだけ正確に把握することが何よりも重要です。

ただ、排卵時期を把握できるようになると、「セックス＝可能性がいちばん高い日のみ」になる人も少なからずいるようです。排卵期間中は、複数回タイミングをとったほうが妊娠率はアップしますし、ふだんからパートナーと月に複数回セックスをしていると「精子が常に新鮮なものになっている」「肝心な日に、リラックスした状態でセックスできる」というメリットもあります。無理のない範囲で、意識してとり入れてください。

# 妊娠の仕組み

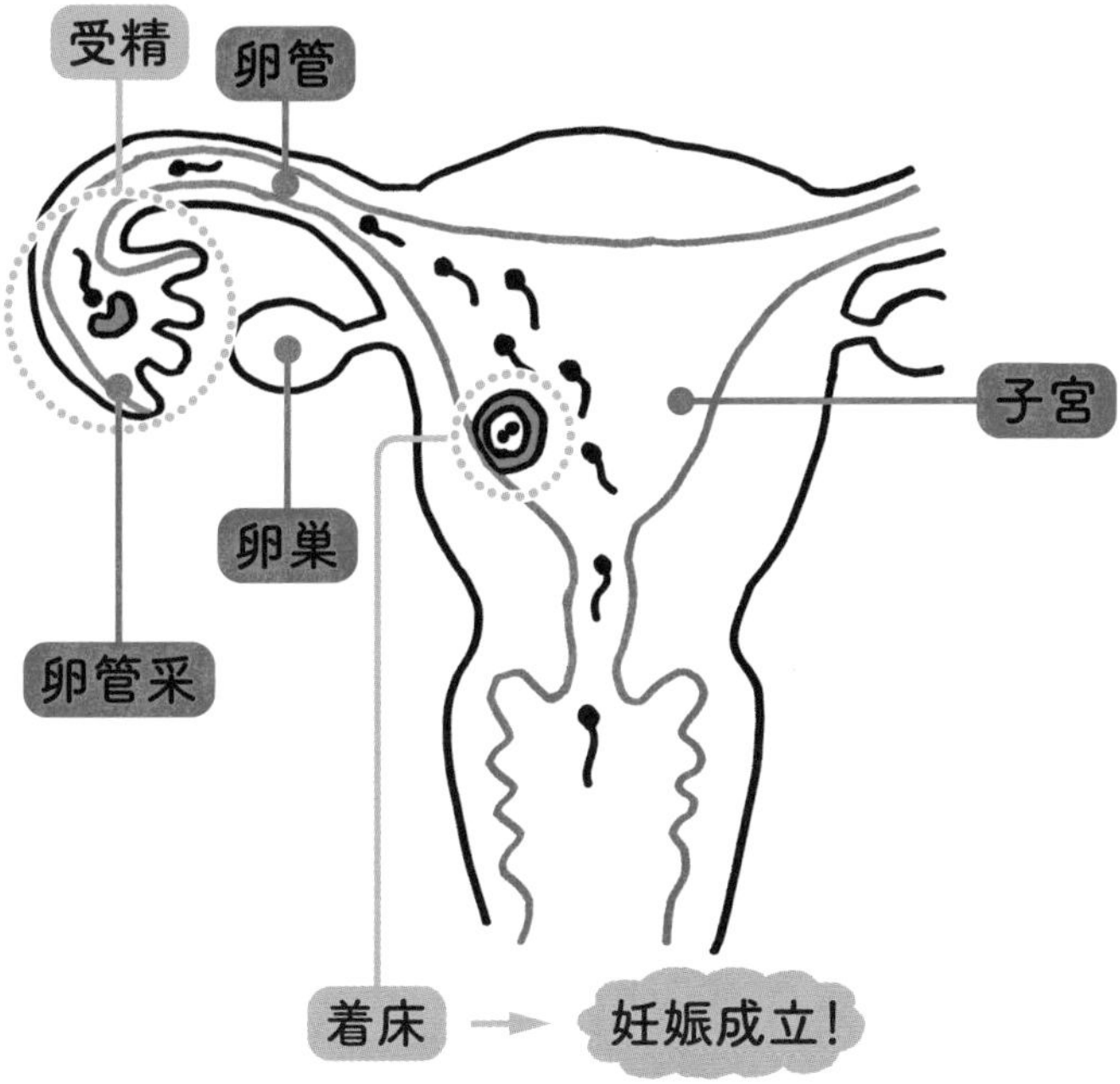


**妊娠するためには、以下のプロセスをたどります。確認しておきましょう**

❶ 左右の卵巣で育てられた「原始卵胞（いくつかの未熟な卵子を包む袋）」の中から、大きく育った卵子が1つだけ飛び出る。これが「排卵」

❷ 飛び出た卵子を卵管の先っぽ（卵管采）がキャッチアップして卵管へ

❸ セックス後に卵管で精子1匹と卵子が出会う、これが「受精」

❹ 受精卵は子宮に向かって移動

❺ 子宮の内膜にくっついて着床→妊娠成立

おさらい

# 卵子は年齢と同じだけ年をとるので、〝老けさせない〟ことを意識

卵子のプロフィール

- 胎児のころに一度つくられ、その後ふえない
- 月に1回、1個だけ排卵される
- 排卵後は6～24時間しか生きられない
- DNAが多少傷ついても自力で治せる
- 年々老化し、妊娠力も低下していく

卵子は、胎児のとき（妊娠5～6カ月ごろ）につくられ、排卵まで卵巣で保管されます。初潮を迎えるころになると、卵子を育てるホルモンが分泌され、それによって月に1回排卵が行われます。卵子は、一生に一度しかつくられず、ふえることはありません。さらに、時間がたてばたつほど残っている卵子は老化することになり、妊娠しづらくなる傾向に。妊娠するためには、早めの妊活と、卵巣の機能を衰えさせないことが重要です。

おさらい

# 精子はそのつど新しくなるけれど、実は加齢によるダメージも……

精子のプロフィール

- 精巣の中でほぼ毎日新しくつくられる
- 1回の射精で約1億～4億匹を放出
- 卵管采へ到達できるのはわずか約100匹
- 卵子と受精できるのは1匹のみ
- 射精後、2～3日は生存している
- DNAが傷つくと自力では治せない

かつては「男性は何歳になっても子づくりできる」といわれてきました。ただ、最近の研究から、精子の製造元（男性の体）の加齢によって、傷がある、元気がないなど、妊娠しづらい精子がふえる傾向にあることが判明しています。また、ほかの細胞は、DNAが傷つくと自力で修復する力がありますが、精子にはありません。男性の年齢が上がるとDNAが傷ついた精子がふえる傾向に。そういった精子が受精して妊娠した場合、赤ちゃんにトラブルが生じることもあります。

勘違い2

# 正確な排卵日は〝アプリ〟でわかる

正解

# アプリはあくまでも予想です 基礎体温と排卵チェッカーが正確

妊活中の人の中には、アプリを活用して排卵予測をしている人も多いのではないでしょうか。確かに排卵予測のアプリは、生理周期が規則正しい人が使うのには便利ですが、月によって周期がバラバラな人は、実際の排卵日とずれていることがあります。

排卵しているかは、毎朝同じ時間に起きて基礎体温をはかることでわかります。生理周期が一定で、排卵が正常な場合、体温は左ページ上のグラフのように低温期と高温期の二相に分かれます。一度基礎体温をグラフ化し、確認をしましょう。

基礎体温を2～3周期はかると、おおよその排卵時期を把握できますが、「妊娠する可能性が高い日にセックスしたいので、正確な排卵予測日を知りたい」場合は、あわせて排卵検査薬（排卵チェッカー）を使うことが重要です。排卵しそうな時期から検査薬を使い、陽性サインが出たらセックスを。サインが出ている間はできるだけ多くセックスすると妊娠する可能性が高くなります。

# 一般的な基礎体温のグラフ

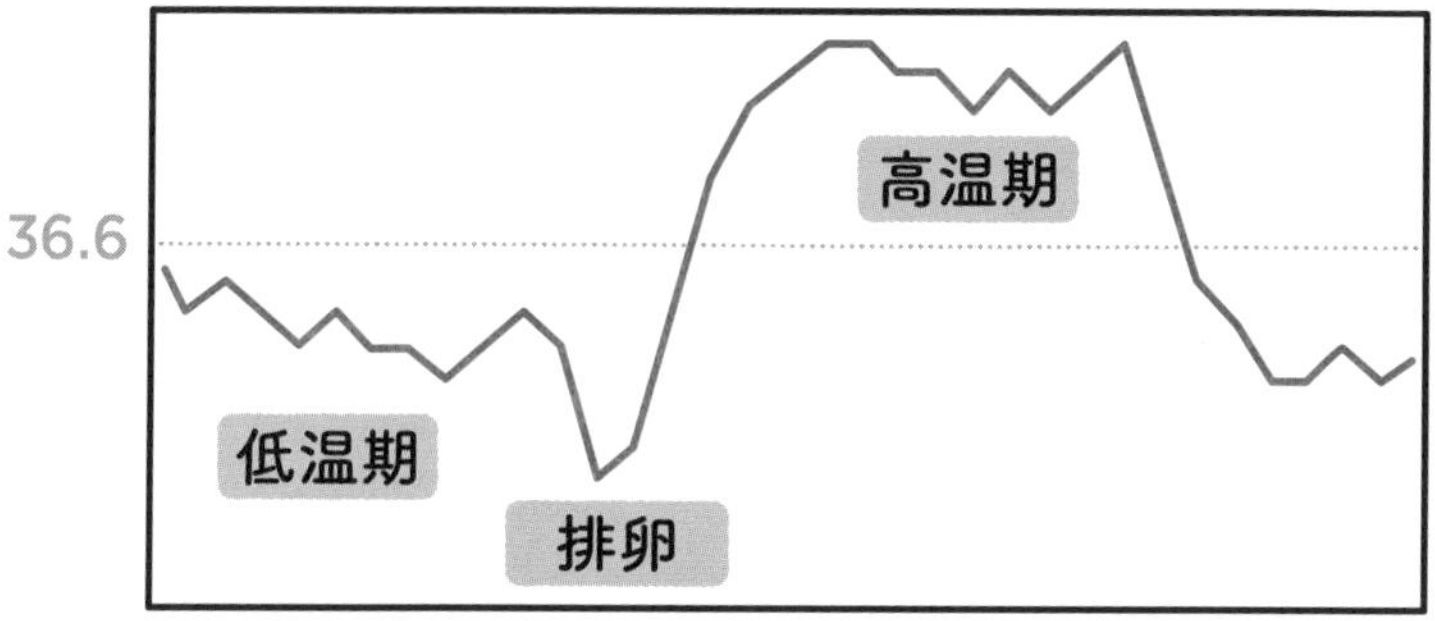


排卵がきちんと起こっている場合、生理開始から14日間低温期がつづき、排卵のタイミングで一度0.2 ～ 0.3度ほどガクッと下がり、その後高温期が14日間つづくのでグラフがきれいな二相に分かれるのが特徴です。また、排卵付近でガクッと体温が下がらない人もいます。

## 低温期が長い

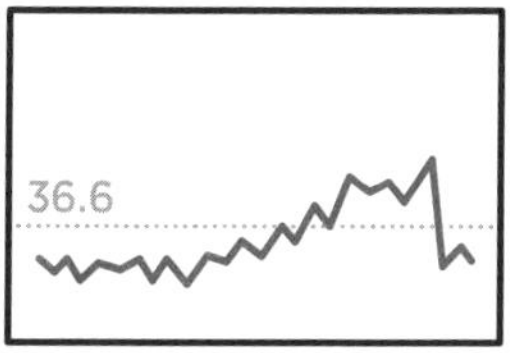


### 排卵障害の可能性あり

低温期は質のよい卵子を育てる時期。この低温期が15日以上つづく場合は、卵子がうまく育たず排卵できていない可能性があるか、子宮が受精した卵子を迎え入れる準備が整っていない場合が考えられます。

## 高温期がない

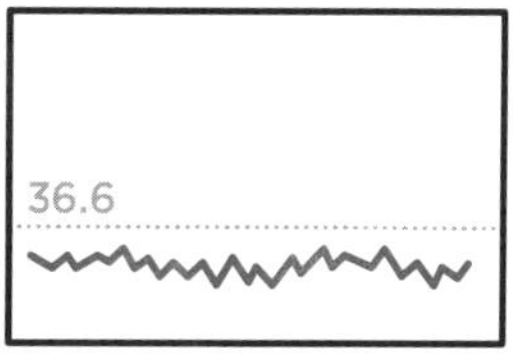


### 無排卵月経の可能性あり

低温期の状態がつづくときは、排卵が起こっていないことがあります。生理がきていても排卵していないケースもあるので、ずっと36.7度以下がつづくようなら、早めに産婦人科を受診しましょう。

## 高温期が短い

### 黄体機能不全の可能性あり

受精卵を迎え入れやすくするために子宮内膜を厚くしたり、体温を上げたりする役割を持つ黄体ホルモン・プロゲステロンが足りない可能性が。高温期が十日未満の場合は、一度、医療機関に相談を。

勘違い3

## 排卵日当日が最も妊娠しやすい

←

正解

## 妊娠の最大のチャンスは、排卵日1～2日前です

「排卵日＝いちばん妊娠しやすい日」と思っている人も多いでしょう。でも実は違います。卵子の寿命は排卵後6～24時間。たとえば、排卵予定日の朝に排卵した場合、その日の夜にセックスしても卵子の寿命が終わっていることがあり、そうなると妊娠できません。一方で精子の寿命は射精後2～3日と、卵子よりも長いのが特徴。そのため、排卵予定日よりも1～2日前にセックスをして、排卵してくる卵子を精子が待っているような状況をつくると、妊娠の確率が上がります。

ただ「排卵の1日前に絶対セックスを！」とピンポイントで限定すると、気持ちの面でプレッシャーになることも。また、体のリズムの変化で排卵日がずれることもあるので、左の排卵予定日を示したグラフを参考に、「排卵の可能性がある4日間のうち、できるだけ多くタイミングがとれればいいや」というゆったりとした気持ちでのぞむといいでしょう。

## 排卵している可能性（%）

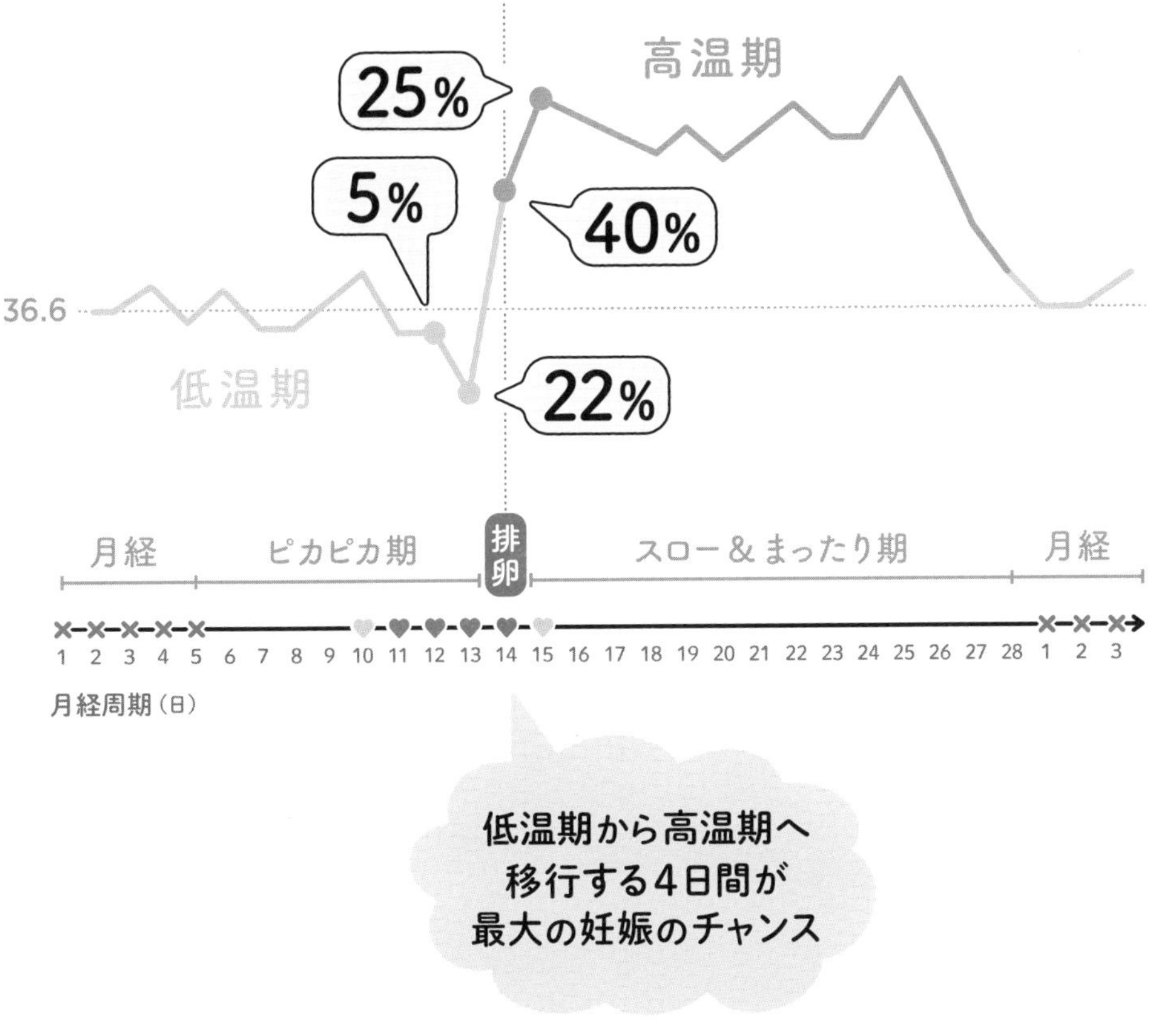
25%
5%
40%
22%
高温期
低温期
36.6
月経
ピカピカ期
排卵
スロー＆まったり期
月経
1 2 3 4 5 6 7 8 9 10 11 12 13 14 15 16 17 18 19 20 21 22 23 24 25 26 27 28 1 2 3
月経周期（日）
低温期から高温期へ
移行する4日間が
最大の妊娠のチャンス

# いくつあてはまりますか？
# 生活習慣チェック！

- [ ] 自分の生理周期をあまり把握できていない
- [ ] つい夜ふかしすることが多い
- [ ] 週に3～4日、朝ごはんを食べていない
- [ ] 自分の体脂肪やBMIを知らない
- [ ] できれば自然に授かりたい
- [ ] 体温はだいたい36・5度以下
- [ ] 仕事でとにかく忙しい
- [ ] いま、ほとんど運動をしていない

1つでもチェックがついたら、習慣を見直して！

## 妊活に〝いいこと習慣〟をとり入れて

# 体をいちはやく妊娠向きにしておこう

妊娠するためには、正しい方法を知るだけでなく、体を「いつでも妊娠OK」な状態にしておくことがたいせつです。そのためには〝妊活にいいこと〟をできることから始めましょう。なかには「すでに妊活にいいといわれていることは、たくさんやっているよ！」という人もいるでしょう。でもちょっと待ってください！　いま、やっていることがほんとうに妊活に〝いいこと〟なのか、もう一度チェックしてみることがたいせつです。

また、ふだんの生活でやっていることや、なにげないクセが妊娠を妨げる原因となっていることもあります。右のチェックリストで1つでもチェックがついたら、要注意！　知らない間に妊娠を遠ざける生活習慣になっている可能性があります。

次ページ以降では、いまの生活や食事をちょっと変えるだけで妊娠力が上がる、簡単な習慣を紹介しています。自分ができそうなものからとり入れてみてくださいね。

# 第1章

いつもの生活に〝ちょい足し〟でOK!

# 妊娠しやすい体になる毎日のいいこと習慣

基礎体温をはかり、自己流で排卵日を計算してセックスをしているけれど、なかなか妊娠できない……。そんなときは、ふだんの生活をふり返ってみてください。なにげなくしている行動や、日々のルーティンを少し見直すだけで、妊娠に近づけることがあります。日常生活の中で簡単にできる妊活に〝いいこと習慣〟を紹介します！

## できることからスタートして、
# プチ不調をなくし、授かりやすい体に

「妊活」と聞くと「いまの生活をガラリと変えて『妊娠すること』を最優先にした生活にしなければいけない」と、考える人もいるでしょう。妊活には、生活スタイルを抜本的に変えてとり組むものから、気軽に始められるものまでさまざまあります。ただ、どんな妊活をするにしてもたいせつなのは「無理をしないこと」。2〜3日で結果が見える妊活はなく、ある程度の積み重ねが必要です。なので、無理せずつづけられる方法を選びましょう。

そこで提案したいのが、いまの日常生活は基本的にそのままで、そこに妊娠につながる習慣を〝ちょい足し〟するだけの妊活です。これなら負担を感じることなくつづけられると思います。

また、これから妊活しようと思っている人の中には、病院へ行くほどではないけれど、「いつもおなかが冷たい」「午前中は体がだるい日が多い」などの〝プチ不調〟を抱えているケースが多く見受けられます。「大事ではないから」とほうっておくと、妊娠をはばむトラブルにつながる可能性も。今の生活に〝ちょい足し妊活〟をすることで、知らないうちに身についたプチ不調につながる「悪習慣」を、「妊娠につながるナイス習慣」に変えるきっかけにもなります。

次ページ以降では、妊娠につながる〝ちょい足し習慣〟を、朝起きてから夜寝るまでの生活に沿って紹介しています。いきなり全部やる必要はなし！　とり入れやすいところから始めてみてください。

いいこと習慣

□

1

# 毎朝、同じ時間に起きよう

こんないいことが！

1

生活リズムが整うとメラトニンが分泌され卵子の発育によい効果が

2

眠くなる時間も自然と同じになり、規則正しい生活に

## 夜ふかししても翌朝は同じ時間に起きて

人間には体内時計があり、暗くなると自然と眠くなり、朝日を浴びると活動モードに切りかわります。夜おそい時間までテレビやスマホを見ていると、体が「まだ昼間かも」と勘違いし、体内時計が狂ってきます。体内時計が狂うと、メラトニンというホルモンの分泌が乱れがちに。メラトニンは睡眠を促すホルモンとしてよく知られていますが、それだけではありません。体内のアンチエイジングにも効果があるといわれ、卵子の発育をサポートしてくれる役割も。妊娠するためにたいせつなメラトニンを正常に分泌させるには、生活リズムを整えることがとても重要なのです。

そうはいっても、連休など夜ふかししたい日もあるでしょう。予定がなければ翌朝はのんびり起きたいものですが、少しつらくてもいつもと同じ時間に起きることがたいせつ。常に同じ時間に起床することで、だいたい同じ時間に眠くなるようになり、自然と生活リズムが整ってきます（西）。

いいこと習慣

2

# 起きて1時間以内に朝ごはん

こんないいことが！

1
血糖値の上昇をゆるやかにして不妊リスクを下げる

2
体内時計が整い妊娠にかかわる性周期を正常に

# 朝食を含む1日3食が妊活中の食事のキホン

１日３回食事をする人と、朝食抜きで１日２回の人をくらべると、後者のほうが食後の血糖値が急上昇することがわかっています。急上昇を抑えるために膵臓からインスリンというホルモンが大量に分泌されますが、血液中のブドウ糖が脂肪にかわることを助けるため、脂肪をため込みやすくなります。実は、インスリンは不妊の要因となる排卵障害の「多嚢胞性卵巣症候群（ＰＣＯＳ）」という疾患に関係しています。血糖値をコントロールすることは妊活では必須なので、乱れの原因となる欠食は控えましょう。

また、朝食をとるほうがいい理由はほかにもあります。私たちの体内時計は、実際の１日24時間より少し長めになっているので、何もしなければどんどんズレていきますが、起きて１時間以内に朝食をとると、体内時計が整います。体内時計を整えることは、自律神経やホルモン分泌の乱れを整えることにもつながります。スムーズな妊娠のための基本の基です（細川）。

いいこと習慣

3

# 素肌を出して日光に当たる

こんないいことが！

1 直射日光を素肌に浴びるとビタミンDがつくられる

2 ビタミンDの不足は生殖機能の低下を招く

## 素肌に日光を浴びて ビタミンDをふやそう

「美肌のために日やけは絶対したくない！」と思っている妊活女子もいるでしょう。確かに肌のことだけを考えると、紫外線を浴びないほうがいいのですが、妊娠したいと考えるなら、1日15～30分は素肌を出して日光を浴びましょう。（※）

妊娠をサポートする栄養の一つにビタミンDがあります。排卵障害の改善や自然妊娠（着床率アップ）など、不妊治療でも注目されているビタミンですが、食事だけで満たすことがむずかしい栄養素です。そのために外からとり入れる必要があり、方法は2つあります。1つは食事からとる方法。もう1つが太陽の光を浴びて体内でつくり出す方法です。太陽の光を浴びる際のポイントは素肌に浴びること。素肌が出せるところなら、手の甲や足などどこでもOKです。顔は日やけしたくない人が多いと思うので、そこだけは日やけ止めを塗って、ほかは塗らずに日光浴を。時間に余裕のない人は、素肌に日を当てながら駅まで歩くなど、通勤時間を利用するのもいいでしょう（細川）。

※日光によるビタミンDの生成量は、季節と住んでいる場所（日照量）によって異なります。

いいこと習慣

4

# ウンチはため込まずしっかり出す

こんないいことが！

1
便秘を解消すれば周辺の子宮や卵巣への血流がアップ

2
腸内環境が整うと子宮や卵巣などに栄養と酸素が行き届く

妊活をしている人の中には「1週間に3回しか出ない」と慢性的な便秘に悩んでいる人が少なくありません。便秘になると腸の動きが鈍くなり、血流も滞ります。そうなると同じ下半身にある子宮や卵巣などへの血のめぐりが悪くなり、妊娠をはばむ原因の一つになる可能性があります。直接的ではありませんが、妊娠と便秘も少なからず関係があるので、便秘に悩んでいるなら、いまのうちから対策をしておきましょう。

まず便秘解消のために、便意がなくてもトイレへ行く習慣をつけてみましょう。最初は出なくても「トイレへ行って出す」という行動を習慣化することで便秘が解消されることがあります。また、下半身中心の運動をしたり、玄米をはじめ腸内環境を整える食べ物を多めにとったりすることもおすすめ。腸内環境を整えると、便秘が解消されるほか、血液に含まれる酸素量や栄養量がふえるので、子宮や卵巣に栄養や酸素がしっかり届くようになり、妊娠力アップにもつながります（石原）。

いいこと習慣

5

# 通勤の往復で20分歩く

こんないいことが！

20分でも毎日歩くことで血行がよくなり子宮、卵巣が元気に！

妊娠力をアップさせるためにも運動をすることはとてもたいせつ。ただ、仕事が忙しかったり、もともと苦手だったりで、大人になってから運動をしなくなった人も多いのではないでしょうか。運動するとよいことは2つあります。まず、筋肉をつけることで全身の血流がアップし、子宮や卵巣などに必要な栄養分が流れるようになり、活性化させることができること。もう1つは、筋肉は熱をつくり出すという役割もあるので、筋肉量をふやすと、子宮や卵巣など体内の臓器をあたたかくできるということです。

そうはいっても、運動習慣がない人がいきなりマラソンや何かスポーツを始めるのは、ハードルが高いと思います。おすすめは通勤時間を利用したウォーキング。駅までの時間を徒歩で、朝10分、帰り10分。合計1日20分歩くように心がけましょう。筋肉の75％は下半身についているので、ウォーキングで効率よく体をあたためられます（石原）。

いいこと習慣

6

# 通勤バッグをリュックにかえる

こんないいことが！

1
荷物は重さを両肩で分散させると体がゆがみにくい

2
体のゆがみを整えると筋肉の位置が正され子宮への血流アップに

## 通勤バッグを見直すと体のゆがみ防止に！

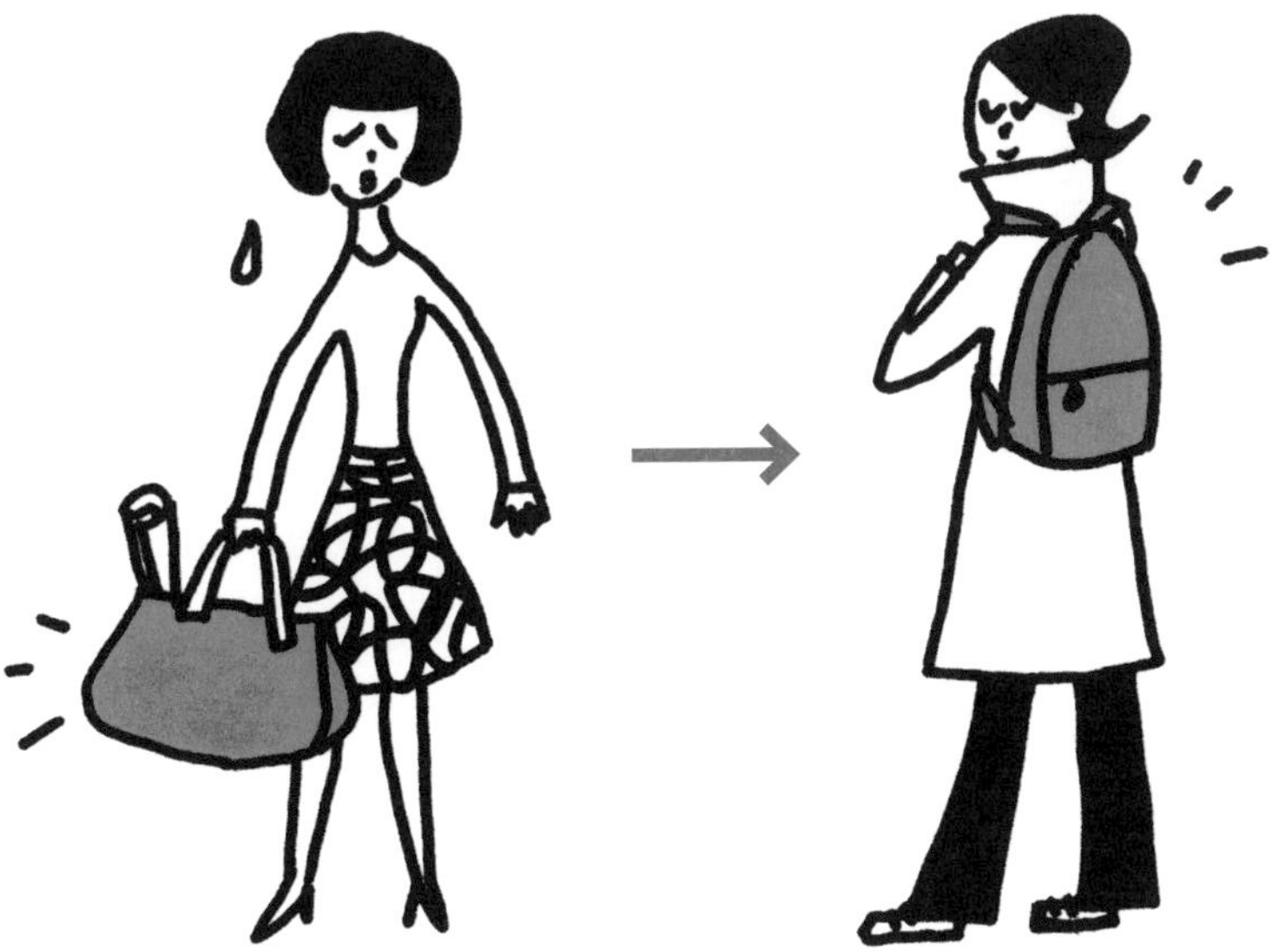

妊活をしている人の中には、パソコンや資料など、常に重い荷物を持ち歩いている人もいると思います。重い荷物をトートバッグなどに入れていつも同じ側の肩にかけて持ち歩いていると、知らない間に体がゆがむ原因に……。体にゆがみがあると全身の血のめぐりが悪くなるため、子宮や卵巣など、妊娠するためにたいせつな臓器にも必要な酸素や栄養が運ばれづらくなります。

体のゆがみは、骨とその骨にくっついている筋肉が正しくない位置になることで引き起こされるので、直すには、骨の周りの筋肉をほぐして正しい位置にリセットすることが必要。筋肉の位置がリセットされれば、その筋肉とセットになっている骨も正しい位置になります。日々の習慣は侮れません。重い荷物の日は、重さを分散できるリュックを利用するといいでしょう。立つときも片側だけに体重をかけるのではなく、両足でしっかり立つように。ゆがみ習慣は見直しましょう（石原）。

いいこと習慣

7

# 食べるときは10回以上かもう

こんないいことが！

1
妊娠に必要な栄養を腸からしっかり吸収できる

2
かむと頭の筋肉が動き脳から全身にかけての血行がよくなる

モグモグをふやして
栄養の吸収率アップ！
1
2
3
4
5
6
7…

子どものころ「よくかんで食べなさい」と言われた人もいますよね。これは子どもだけでなく妊活をする人にもとり入れてほしい習慣の一つです。

食べ物をよくかむと唾液が出ます。唾液は、食べたものをよりこまかくかみ砕き、消化をよくする働きがあります。消化がいいと腸で食べ物の栄養を吸収しやすくなり、必要な栄養が子宮や卵巣に届きやすくなります。唾液の中には、別名「若返りホルモン」ともいわれるパロチンが含まれており、かめばかむほど卵巣や子宮をはじめ体全体のアンチエイジングになるといわれています。さらに、かむとこめかみの下にある頭部の筋肉が動くため、血流がアップ。脳が活性化されて自律神経が整い、女性ホルモンの分泌が盛んになる効果も期待できます。

かめばかむほど体にはいいのですが、最初からがんばりすぎるとつづきません。最初は10回を目標にモグモグしてみてください。慣れてきたら12回、14回と、回数をふやしてみましょう（石原）。

いいこと習慣

8

# トイレではおりものチェック！

こんないいことが！

1
ペーパーについたおりものの色で膣の健康状態がわかる

2
おりものの色、量から妊娠を妨げる病気に早めに気づける

おりものチェックを
トイレ時の新習慣に！
C
H
E
C
K

トイレで用を足したあと、トイレットペーパーでふきますが、そのふいたペーパーを意識してチェックしていますか？ ペーパーを見ることで、おりもののにおいや色を確認でき、異変を感じたときにふだんと比較することができます。

おりものは、子宮頸管や腟から分泌されるもので、腟内、さらに奥の子宮に雑菌が入ってしまうのを防いでくれます。もし雑菌が入って炎症を起こしていると、においや色がふだんと異なった状態に。「おりもののにおいが強い」「色が黄色っぽい」「量がいきなりふえた」など、いつもと違う場合は要注意です。性感染症や腟炎、子宮筋腫など妊娠を妨げるトラブルのサインかも。腟や子宮のトラブルにできるだけ早く気づくために、ペーパーやライナーに付着したおりものの色やにおいは、トイレのたびに意識してチェックするようにしましょう。もし、おりものの変化が2〜3日つづく、かゆみや痛みがある、などの場合は、産婦人科を受診してみてください（西）。

いいこと習慣

9

# 夕ごはんは22時までにすませる

こんないいことが!

1

早い時間の食事ほど消化エネルギーが活発!脂肪になりにくい

2

食事のボリュームを〝朝・昼しっかり〟にすることで体内時計が整う

## 残業前のちょい食べが脂肪に変えない秘訣

　できるだけ早めに夕食を食べようと思っても、仕事のある平日はなかなかむずかしいですよね。実は、食事をすると消化のために代謝が活性化し、エネルギーを消費しやすくなりますが、その働きは夜遅くなるほど低下します。高すぎる体脂肪率だと排卵障害のリスクも高くなるので、夕食はできるだけ22時までにはすませるようにしましょう。

　あらかじめ残業などで夕ごはんの時間が22時を過ぎそうだとわかっている場合は、「分食」にするのがポイントです。分食とは、ふだん1回で食べる夕ごはんの量を2回に分けて食べること。たとえば夕方にヨーグルトや小さめのおにぎりを食べておき、2回目も軽く、22時までにすませましょう。この方法ならトータルで同じ量を食べても、脂肪になりづらいです。

　また、夕食に食べるメニューもたいせつ。脂肪分が多い食事は、胃の中に残ってしまい、翌日の朝ごはんに影響が出てしまうので、ぞうすいやはるさめなど、遅い時間には軽めのものがいいでしょう（細川）。

10

いいこと習慣

# 湯ぶねにつかって
# リラックス

こんないいことが！

1
体の芯から
あたたまるから
ポカポカがつづく

2
疲れがとれやすく
妊活をはばむ
ストレスの緩和にも！

帰宅する時間がおそかったり、疲れていたりすると手早くシャワーですませる人もいるでしょう。シャワーは汗や汚れを洗い流せて、気分も爽快。そのため温シャワーだけでも十分な気がしますが、実は肌表面があたたかくなっているだけで、体の奥はあたたまらず冷えたまま。体の中の卵巣や子宮などたいせつなところも動きが鈍くなり、老化が進んでしまうこともあるので、季節を問わず湯ぶねにつかる習慣をつけましょう。特に夏は、自分でも気づかないうちにエアコンなどで手足やおなかが冷たくなっていることがあります。湯ぶねにつかると、子宮や卵巣などをきちんとあたためることができ、ポカポカ感が長つづきします。また、1日の疲れがとれやすくなり、妊娠を遠ざけるストレスも解消しやすくなるでしょう。

夜、寝る前に入るなら、副交感神経が優位になり、リラックス効果が高まる38～40度くらいのぬるめのお湯がおすすめ。うっすらと汗をかくぐらいまでじっくりつかるのがポイントです（石原）。

11

# パジャマはゆるゆる&天然素材に

こんないいことが！

1
吸汗性に優れ体温調節がしやすい

2
ゆったり系なら寝返りをうちやすくストレス軽減

## 天然素材&ゆったりが快眠パジャマのキホン

夜、ぐっすり眠ることは、妊娠しやすい体をつくるために必要なこと。そのためにはきちんと眠れるように「環境」を整えてあげましょう。なかでも重要なのが、パジャマです。

いまの住宅は昔にくらべて密閉性が高く、寒い季節でも比較的部屋の中はあたたかい状態になっています。それもあって、季節を問わず、就寝中にしばしば寝汗をかいています。寝汗をそのままにしてしまうと「汗冷え」の原因になるので、吸汗性、吸湿性にすぐれたコットンなど、植物性で天然素材のものを選ぶといいでしょう。

体は寝ている間に自然に寝返りをうつなど、思った以上に動いています。体のラインが出るようなピッタリしたパジャマではなく、適度にゆとりのあるパジャマを選ぶことで、寝ている間の体のストレスを減らすことができます。パートナーとおそろいで選ぶのも楽しいですね（石原）。

いいこと習慣

12

# 睡眠は6～8時間を目標に

こんないいことが！

1 自律神経が整い子宮や卵巣の働きがよくなる

2 十分な睡眠がとれると疲れがたまりづらく前向きに妊活できる

1日6～8時間睡眠で
妊娠力を蓄えよう！
12
6
12
10
Z Z Z Z Z
z Z Z

私たちの体では、睡眠中にさまざまなことが行われています。その中には、妊娠力アップにつながることもあり、「自律神経を整える」のもその一つ。夜、暗くなるとメラトニンというホルモンが分泌され、自律神経を整える働きをしてくれます。自律神経が整うことで女性ホルモンの分泌が正常になり、子宮や卵巣の動きをよくする効果があるといわれています。

また、睡眠は脳や体にたまった疲れをリセットしてくれる働きも担っています。疲れがリセットされるとストレスがたまりづらくなり、妊活をはじめ何事にも前向きにとり組めるという特長があります。逆にいえば、睡眠不足がつづくと、疲れをリセットする作業が不完全になってしまうため、頭がボーッとする、なんとなく手足が重くてだるいなどの症状が出てしまうことも……。個人差はありますが、1日6～8時間寝るのを目標にしましょう。寝る前はできるだけスマホは見ないようにすると、スムーズに眠りに入れます（西）。

いいこと習慣

13

# 寝る前に好きな香りでリラックス

こんないいことが！

1 リラックスすると就寝中に女性ホルモンが分泌

2 しっかり眠ることで体の老化を抑える成長ホルモンも出る

# 自分の好きな香りに包まれてぐっすり

天然のアロマオイルは、自律神経や心を整える働きがあります。ふだん使っているボディクリームにアロマオイルを1〜2滴まぜて塗る、アロマオイルを1〜2滴しみ込ませたティッシュを枕元におくなど、好みの方法でとり入れて

いい香りをかぐとリラックスしますよね。香りがもたらしてくれる効果を、眠るときにも活用してみましょう。

人間は眠っている間にさまざまなホルモンを分泌します。成長ホルモンもその一つ。体で弱っている部分をなおしたり、子宮や卵巣などの老化を抑えたりする役割があるといわれています。さらに受精卵が着床しやすいよう子宮の状態を整えるエストロゲンをはじめ、妊娠を成立させるために重要な女性ホルモンも睡眠中に分泌されるため、きちんと眠ることがたいせつです。

ただ、なかなか寝つけない人もいるでしょう。そんなときは寝る1時間前にアロマオイルをたいたり、好きな香りのボディオイルをつけたりすると入眠しやすくなります。アロマにはそれぞれの効能がありますが、それは参考程度にして自分が直感で「いい香り」と思ったものをセレクトしてください。人工的に合成された香りは、強すぎて頭痛などの原因になることも。天然の植物から抽出されたものを選ぶようにするといいでしょう（石原）。

いいこと習慣

14

# パートナーとは幸せスキンシップを欠かさない

こんないいことが！

1
幸せホルモンのオキシトシンが分泌されパートナーへの愛情が増す

2
オキシトシン効果で自分もハッピーな気持ちに包まれる

## 幸せスキンシップが「好き」を育てる

妊娠するには、排卵日前後にパートナーとセックスをすることが重要ですが、より妊娠力を高めるには、ふだんからたっぷりスキンシップをとるようにしてください。

スキンシップをとることで「オキシトシン」というホルモンが分泌されます。オキシトシンの分泌が盛んになると、パートナーへの愛情がふえ、よりいっそう相手を好きになる効果があるといわれています。さらに脳や心が癒やされることで、ストレスが減る、自分に余裕ができるので、パートナーにやさしくできるようです。

また、ふだんからスキンシップをとることで、排卵日のセックスも自然な流れでお互いを誘うことができ、変な緊張感でガチガチにならずにすみます。

手をつないで買い物へ行く、パートナーによりかかりながらいっしょにテレビを見る、お互いにマッサージするなど、無理のない範囲でスキンシップをふやしてみましょう（西）。

# ストレスは妊娠の敵！
# つきあい方を考えよう

妊活をつづけていくと「今月は全然タイミングがとれなかった」「また生理がきた」と落ち込むこともあるでしょう。仕事が忙しければ、時間にも心にも余裕がなくなり、ときに周りから聞きたくないことを耳にすることも……。自分の望まないことがつづくとストレスを感じるようになります。

人間はストレスを感じると、体内のＮＫ（ナチュラルキラー）細胞が活性酸素を発生させます。活性酸素がふえると、卵子や子宮など、妊娠にかかわる器官をはじめ体全体を老化させてしまうため、妊活女子にとっては厄介もの。妊娠を妨げる原因になったり、流産につながったりする可能性もあるようです。

つまり妊活中はできるだけストレスを感じないように生活することがとても大事です。そこで、簡単にできる「ストレスすっきり法」をご紹介します。「これなら私でもできそう！」というものを見つけ、ぜひ実践してみてください。

advice

# 1 仕事のやり方を変える

新型コロナウイルスの感染拡大を機に、積極的にリモートワークや時差出勤などをとり入れる企業がふえました。この本を監修している西先生の桜の芽クリニックでは、新しい生活様式が始まってから妊娠する人がふえたそうです。会社での対人ストレスが少なくなり、通勤時間が減ってゆとりが生まれたことが、妊娠のしやすさにつながったのかもしれません。リモートワークをふやす、残業しない日をふやすなど、会社にも相談して、仕事のやり方を少し工夫してみるといいでしょう。

advice

# 2 日常と少し違うことをする

日常と違う行動は脳を活性化し、リフレッシュにつながります。「旅行がきっかけで妊娠した」という話はよく聞きます。旅行はわかりやすく非日常を満喫できますが、もっと簡単な方法でもリフレッシュは可能です。ふだんとは違うルートで帰宅する、いつも行かない店で買い物するなど、ささいな行動でかまいません。スポーツを始める、休日に公園でピクニックするなどもいいでしょう。

日常生活の中で気分転換をし、ストレスをためない習慣を身につけて。

advice

# 3 妊活の計画を立てる

基礎体温をきちんとはかり、排卵チェッカーでタイミングをとっても、なかなか授からない場合もあるでしょう。「いつまでつづければいいの？」という"先が見えない"ことは、大きなストレスになります。先が見えない妊活に不安を感じたら、自分たちで妊活計画を立ててみて。「あと3回タイミングをとっても授からなかったら、病院に行く」など、パートナーといっしょに具体的に考えましょう。次のステップが決まると、前向きに妊活できるようになります。

advice

# 4 ストレスに感じることは遠ざける

妊活期間が長くなると、周りの人からストレスを受けることもふえてきます。親戚から「子どもはつくらないの？」と聞かれたり、友人から出産報告を受けたり……。SNSで偶然、赤ちゃんの動画を見かけてつらくなるときもあるでしょう。ストレスを感じたら、それらに近づかないこともたいせつです。子どもの話題が多く出そうな集まりには参加しない、妊娠中や子育てしている友人のSNSは見ないなど、距離をおくのもOK。自分で自分にストレスを与えないよう工夫を。

第2章

何をどう食べるかが大切！

# おいしく食べて妊娠力を高める習慣

「食べ物と妊娠力」はあまり関係がないように思えますが、実は妊娠できるかできないかは、いままでどのような食生活を送ってきたかによって違うことがわかっています。

食べることで妊娠力をつけることができる、体に〝いいこと習慣〟をピックアップしました。

食習慣を変える前に再確認！

# 〝妊娠をはばむトラブル〟自分は大丈夫？

妊活中の人の中には、「妊娠しやすい」という食べ物の情報を積極的に集め、生活にとり入れようとしている人もいるでしょう。でもその前に「妊娠しづらくなる」原因を知っておくことがたいせつです。

妊娠をはばむ女性側の原因には、主に「排卵トラブル」「生理周期のトラブル」「卵巣のトラブル」の3つがあります。排卵トラブルとは、月に1回ある排卵がなかったり、不規則になったりすることです。生理周期のトラブルとは、本来28〜30日の生理周期が35日以上あく、または2〜3週間できてしまう状態をさします。卵巣のトラブルとは、加齢や生活習慣などで卵巣の状態が悪化し、よくない状態の卵巣で保管され、卵子の質も悪くなってしまうことで起こることをいいます。

この3つのうち、食生活と最も関係があるのが、排卵トラブルです。実際に、排卵トラブルがある女性が朝ごはんをしっかりと食べ、夜ごはんを軽くした研究では、数値が改善され、排卵率が高まることが報告されています（※）。

生理周期のトラブルも、少なからず食生活とかかわりが。生理周期のトラブルは、体脂肪率やＢＭＩが高すぎたり、低すぎたりする人によく見られます。体脂肪率やＢＭＩは、食事の内容、食事回数の影響を多少なりとも受けるため、毎日の食事を見直すことが生理周期のトラブル改善につながる場合もあるようです。いずれも無自覚なうちに引き起こされることもあるので、一度、体脂肪率とＢＭＩを調べてみましょう。

※Clin Sci(Lond)(2013)125(9)：423-432

女性に多い

## 3大トラブル

### ❶ 排卵トラブル
### ❷ 生理周期のトラブル
### ❸ 卵巣のトラブル

妊娠をはばむ女性側の原因でいちばん多いとされているのが排卵トラブル。生理トラブルは食事の内容や回数以外に、ストレスがふえることで引き起こされる場合もあります。

体脂肪率とBMI値を知ることはとてもたいせつ！

排卵トラブルには、朝食を抜くなどの乱れた食生活と、体脂肪率の高さが関係しています。基礎体温で排卵周期を確認しつつ、体脂肪率をチェックしてみましょう。体脂肪率とは全体重のうち脂肪の重さが占める割合をパーセンテージで示したもの。体組成計（体重とともに体脂肪量や骨量、筋肉量などをはかることができるもの）で測定できます。

また体脂肪率と同じく、体型の話題でよく出てくるのがＢＭＩです。体格を全世界共通の指数であらわしたもので、アジア人を対象にした研究では、妊娠経験のない女性においてＢＭＩが23以上になると妊娠力（妊孕性）が低下し、体脂肪も33％を超えると27・2％未満の女性にくらべて妊娠力が低下することがわかっています（※）。ただしＢＭＩも体脂肪も、低すぎると妊娠力は低下してしまいます。

日本人女性は「細く見せたい」というやせ信仰が強いせいか、見た目はほっそりスリムなのに体脂肪率をはかると28％以上と高値で、自分でもびっくりする人が少なくありません。まずはＢＭＩ値や体脂肪率を、次のページのベストスコアの範囲にしましょう。

※1 Female adiposity and time-to-pregnancy: a multiethnic prospective cohort / Human Reproduction, Vol.33, No.11pp.2141-2149, 2018 L. Loy et al.

## BMIの出し方

体重（kg）÷ 身長（m）÷ 身長（m）

＝ BMI

## あなたはどのタイプ？ 〔ラブテリ保健室 オリジナルタイプ判定〕

| 体脂肪（%） ＼ BMI（kg/㎡） | 19未満 | 19〜25 | 25以上 |
|---|---|---|---|
| 28以上 | | A かくれ肥満型 ふくよかタイプ | B 肥満型 ぽっちゃりタイプ |
| 19〜28 | C 省エネ型 ほっそりタイプ | D ここが理想 ベストスコア♡ | E アスリート型 がっしりタイプ |
| 19未満 | F 寝たきり予備群型 スキニータイプ | G オーバーアクティブ型 スレンダータイプ | |

### A ふくよかタイプ

BMIが19〜25で見た目ほっそりなのに体脂肪率が28％以上ある隠れ肥満。排卵障害のリスク増に。働く女性の24％が該当。（※）

### B ぽっちゃりタイプ

BMIが25以上で体脂肪率も28％以上の肥満体型。卵巣年齢（AMH）の高齢化や流産リスク高に。

### C ほっそりタイプ

BMIが19未満と低く、体脂肪率が19〜28％と適正。BMIが低いと妊娠まで時間がかかるというデータも。（※）

### D ベストスコア♡

BMIが19〜25で、体脂肪率が19〜28％と妊娠にベストな体形。働く女性の44％が該当。（※）

### E がっしりタイプ

BMIが25以上、体脂肪率が19〜28％の筋肉量が多いアスリート型。鉄欠乏性貧血のリスク増の傾向に。

### F スキニータイプ

BMIが19未満、体脂肪率も19％未満で筋肉、体脂肪ともに少なすぎて生理不順、貧血などのリスク増。働く女性9％が該当。（※）

### G スレンダータイプ

BMIが19〜25、体脂肪率が19％未満で筋肉はあるが、体脂肪が少なく、無月経無排卵のリスク増に。働く女性7％が該当。（※）

※一般社団法人ラブテリの「ラブテリ働き女子白書」より

＼いいこと習慣／

1

# 朝、忙しくても納豆ごはんは食べていこう

こんないいことが！

1
納豆（たんぱく質）＋ごはん（糖質）で体内時計がリセット

2
体内時計リセット＝自律神経が整い排卵トラブルを防げる

## たんぱく質＋糖質で ちゃんと朝ごはんを！

1日は24時間ですが、人間の体内時計は24時間より10～11分ほど長いといわれています。そのまま生活するとわずか10～11分のずれが積み重なって実際の時間と大幅にずれてしまうことに……。

妊娠を考えたら、まず体内時計を整えましょう。週末の夜ふかしや朝寝坊で、体内時計を乱しがちな生活をしていることはよくあることですが、米国の研究（※）では、時間が不規則になるシフト勤務や夜勤のある看護師には生理不順が多いことがわかっています。体内時計を整えるためには「朝日はしっかり浴びる」「夜は強い光は浴びないようにする」など、光を意識することがたいせつです。

そのほか、体内時計を整えるためには、朝ごはんも欠かせません。体内時計のリセット効果が高い糖質（炭水化物）とたんぱく質をいっしょにとりましょう。納豆ごはんや鮭茶づけ、目玉焼きトーストでＯＫ。夜勤やシフトワークの人は、朝ごはんに魚を！　さらに体内時計のリセット効果が大きくなる可能性があります。

※ DOI:https://doi.org/10.1016/j.celrep.2015.07.049

いいこと習慣

2

# 食事のボリュームは朝4・昼4・夕2が理想のバランス

こんないいことが!

1

重めのメニューは朝、昼に食べたほうが排卵障害のリスク減に

2

夕食を少なめにすると翌日の朝ごはんをしっかり食べられる!

# 高脂肪のメニューは朝、昼ごはんで食べて

働く女性は朝ごはんを抜きがちなのに、夜ごはんでハンバーグや揚げ物などのコッテリしたものを食べがちなことがわかっています（※）。欠食しているので、見た目では太って見えないのですが、栄養の偏りで体脂肪がみるみるうちに増えて「隠れ肥満」に。このタイプの女子が多いのが日本女性の特徴といえるかもしれません。〝私は見た目がスリムだから〟と思い込んでいても、実は体脂肪率が30%を超えていることも。体脂肪が高すぎると、排卵できないなどのトラブルが起こる可能性があるので要注意です。

妊娠をはばむリスクを避けるには、食事のボリューム比率を朝4・昼4・夕2にすることを目標にしてください。同じ揚げ物でも朝、昼に食べたほうが、エネルギーとして消費されやすくなり、脂肪になりづらいことがわかっています。「ボリュームのある料理が食べたいな」と思ったら、朝ごはんか昼ごはんに回すよう心がけましょう。夜は、低カロリーであっさり系の豆腐や焼き魚などのメニューを選ぶようにしてください。

※ 一般社団法人ラブテリの「ラブテリ働き女子白書」より

いいこと習慣

3

# 最強の妊活食材「魚」を積極的に食べよう

こんないいことが！

1

妊娠するために必要なビタミンD、鉄分、DHAを同時にとれる

2

DHAは酸化を防ぐ役割もあるので、男性にもよい食材

## 卵子と精子にいい魚を ふたりそろって食べよう

妊娠するにはどんな栄養もたいせつですが、特に積極的にとりたいのがビタミンＤ。月経周期や排卵の乱れの改善、受精卵の着床率を上げるなど、妊娠をバックアップしてくれます。

次に注目したいのが鉄分。隠れ貧血（貧血のない鉄欠乏）を入れると４人に１人が貧血ですが、鉄欠乏は排卵性不妊のリスクを高めるという報告があります（※１）。仮に妊娠できても流産や分娩時多量出血、低出生体重児などのリスクが高まります。加えてＤＨＡも不可欠な栄養です。体内の活性酸素の発生を抑え、酸化しやすい精子を守ってくれる働きがあります。

これら３つの栄養を一度にまかなえるスーパー食材が「魚」です。特殊な種類でなく、スーパーで入手しやすい魚にしっかり含まれています（※２）。できればパートナーといっしょに食べましょう。

※１ Iron Intake and Risk of Ovulatory Infertility VOL. 108, NO.5,NOVEMBER 2006.

※２ ビタミンＤやＤＨＡの含有量は魚によって異なります。一部含まれていない種類もあります。

いいこと習慣

4

# 食事は、見た目5色を意識して

こんないいことが！

1 野菜などの色素には卵巣など女性の体内を酸化させない働きも

2 何色あるかをチェックするだけで栄養豊富かがわかる

妊活中は、毎回の食事からさまざまな栄養を吸収したいものです。必要な栄養をまかなえているかは、食べる料理に色が何色使われているかをチェック！　使われている色が2色だけより3色あるほうが多種類の栄養が含まれていることになります。異なる色の緑黄色野菜を2〜3種類使った料理なら、それだけで多くの栄養をとることが可能です。最初は1食で5色のものを食べることを目標にしましょう。

トマトの赤や、小松菜の緑など野菜が持つあざやかな色は、紫外線や害虫などから身を守るためにみずからつくり出した成分によるもので、「ファイトケミカル」といわれています。ファイトケミカルには活性酸素が発生しないようにする力があります。ラブテリの調査では20〜30代女性の平均サビつき度（酸化ストレス度）は、閉経を迎えた50代女性と同じかそれ以上！　サビつき度の低い女性は緑黄色野菜や大豆をきちんと食べていました。野菜や大豆などをすすんで食べるようにしてください。

いいこと習慣

5

# 緑黄色野菜には オイル系 ドレッシングをかける

こんないいことが！

1 緑黄色野菜に含まれるファイトケミカルは卵巣などの老化を防ぐ

2 ファイトケミカルは油とともにとると吸収率が上がる

# 緑黄色野菜はオイルといっしょに

トマトやほうれんそう、かぼちゃなどの緑黄色野菜を食べると、栄養素に加えてファイトケミカルをいっしょにとり入れることができます。ファイトケミカルは、体の老化を早める活性酸素の発生を抑えてくれ、子宮や卵巣の若返りにひと役かってくれる効果があります。

ファイトケミカルにはさまざまな種類がありますが、緑黄色野菜に含まれるファイトケミカルは、油との相性がよいものが多くあります。食べる際はノンオイルドレッシングではなく、オリーブオイルやえごま油などのオイル、または油を使ったドレッシングやソースをかけて食べるようにしてください。ファイトケミカルの成分がオリーブオイルなどの油にとけて体への吸収率がよりいっそうアップします。また、サラダだけでなく、油いためなどにしてもいいでしょう。ファイトケミカルは、体内にとどまっている時間が短いため、こまめにちょこちょこ食べることが重要です。

いいこと習慣

6

# おやつは高カカオチョコ＋ルイボスティー

こんないいことが！

1

高カカオチョコには妊娠をはばむ活性酸素をやっつける力がある

2

ルイボスティーを飲むと卵子を活性酸素から守れる！

妊活中のおやつは、食事で満たすことができない栄養を補えるものを選びましょう。そこでおすすめなのが、チョコレートです。原材料であるカカオには、「ファイトケミカル」の一種「ポリフェノール」が豊富に含まれ、体内の活性酸素の発生を抑えて老化を防ぐ効果があります。チョコレートの中でも、よりポリフェノールをたくさん含むカカオ70％以上の「高カカオチョコレート」を選ぶといいでしょう。そのほか、老化防止効果のあるビタミンEが豊富なくるみやナッツも、妊活中のおやつにぴったり。マーガリンに代表されるトランス脂肪酸は排卵障害のリスクが高まることが報告されています（※）。おやつを選ぶ際は、マーガリン不使用かなど、成分表示をチェックする習慣を。

飲み物はルイボスティーがもってこい。ポリフェノールが多く、卵子の質の低下を招く活性酸素が発生しないようにしてくれます。高カカオチョコレート＋ルイボスティーは、妊活中の最強のおやつコンビなのです。

※『妊娠しやすい食生活〜ハーバード大学調査に基づく妊娠に近づく自然な方法〜』ジョージ・E・チャヴァロ／ウォルター・C・ウィレット／パトリック・J・スケレット著、日本経済新聞出版社刊より

いいこと習慣

7

# コーヒーは1日1杯まで！なるべく控える

こんないいことが！

1 卵巣年齢（AMH値）を高齢化させないようコーヒーは控える

2 男性も飲みすぎに注意すると流産リスクを減らせる

# 卵子を温存するには、コーヒー習慣を見直そう

AMH値とは、卵巣の中にある卵胞（卵子を包んでいる袋のようなもの）内にどれくらい卵子が残っているのかを表わすものと考えられています。AMHの数値が小さいと、自然排卵が起こりにくくなります。不妊症の日本女性を対象にした研究では、コーヒーを飲む習慣がある女性ほどAMHが低いという報告があります。1日カップ1杯のコーヒーを飲む人のAMHの平均が3・266ng／mℓに対し、3杯の人の平均は2・531ng／mℓと、1日のコーヒー量が増えると、AMH値が下がる傾向に（※1）。妊娠を意識している期間はコーヒーをいつもより控えめにしましょう。

また、コーヒーを控えたぶん砂糖入り清涼飲料水が増えないよう気をつけましょう。清涼飲料水を多く飲むほど、不妊治療における採卵数や受精卵数などが飲まない女性にくらべて少ないことが明らかになっています（※2）。砂糖のとりすぎによる糖の代謝異常は、妊娠の妨げになることも覚えておきましょう。

※1 科学研究費助成事業研究成果報告書の研究課題名「母娘の世代間妊孕性に関与するリスク因子の探究と妊孕性支援教育プログラムの構築」より　※2 Fertility and Sterility 2017, 108(6). 2016-1033

いいこと習慣

8

# 肉・魚・卵・大豆は片手1つ分を食べる

こんないいことが！

1

肉・魚・卵・大豆のたんぱく質はメラトニンのもとになる

2

メラトニンは、酸化を防ぐ力が強く卵巣などの老化防止に

肉や魚、大豆などのたんぱく質には「トリプトファン」という必須アミノ酸が含まれています。このトリプトファンが体内に入ると、スーパー抗酸化物質といわれる「メラトニン」というホルモンに生まれ変わります。メラトニンには高いアンチエイジング効果があり、卵巣の老化の予防が期待されています。実際に血液中のメラトニン濃度がＡＭＨ（卵巣年齢）や体外受精の成功率（採卵数や受精卵数など）に関連し、妊娠率を高めることは国内外の研究で明らかになっています（※）。

メラトニンのもととなるトリプトファンは、残念ながら体内でつくることができないため、たんぱく質をしっかりとることが重要になります。目安としては、指をそろえた片手1つ分ぐらいの大きさの肉や魚、卵、大豆の料理をできるだけ毎回の食事で食べるようにしてください。ヨーグルトなど、おやつでも同量のたんぱく質をとれると理想的です。

※ DOI: https://doi.org/10.1530/REP-16-0641

＼いいこと習慣／

9

# コンビニでは卵と野菜を選ぼう

こんないいことが！

1 卵はたんぱく質、ビタミンD・Eなどがとれるマルチ栄養食材

2 野菜をプラスすると卵にはない栄養が補え子宮の老化対策に

## 卵と野菜を加え コンビニ食の栄養アップ

朝、夕は家で作ったものを食べるようにしていても、ランチはコンビニを利用している人も多いのではないでしょうか。メインは好きなものを選んだとして、必ずメニューに加えたいのが卵と野菜です。

卵は1つでビタミンCと食物繊維以外の栄養素をまんべんなく得ることができるとても優秀な食材です。ゆで卵、温泉卵、生卵などいずれの調理法でもOK。コンビニで買ったパスタや丼物などにプラスするだけで、栄養価がアップします。

おすすめは、温泉卵をサラダにまぜて食べること。卵には含まれていないビタミンCや食物繊維をいっしょにとれます。ゆで卵＋スティック野菜の組み合わせもいいですね。野菜は、いため物や蒸し料理でも大丈夫です。卵は1日2個程度ならコレステロールを気にせず食べてOKですが、コレステロールが高い家系ならば1個にしておきましょう。

いいこと習慣

□ 10

# コンビニスープには高野豆腐と乾燥わかめをパラパラ

こんないいことが！

1
高野豆腐からは女性ホルモンに似た大豆イソフラボンが補える

2
乾燥わかめの食物繊維で血糖値をコントロール！

高野豆腐と乾燥わかめ
汁物にポンと入れて！
乾燥わかめ
高野豆腐

コンビニで買ったスープを、妊活女子向けに変身させることができるのが高野豆腐と乾燥わかめです。

高野豆腐は豆腐を凍らせて乾燥させた食品。1枚で絹豆腐2〜3丁分の栄養をとれます。体の老化を防ぐたんぱく質が豊富で、卵子を老化から守るホルモンの材料になります。また、妊娠準備に欠かせないエストロゲンという女性ホルモンに似た働きをする「大豆イソフラボン」という栄養を手軽にとれるのも大きな魅力です。

もう1つのおすすめは乾燥わかめ。コンビニでは、胚芽米や全粒粉パンなど血糖値の上がりにくい主食を選ぶのはなかなかむずかしいものですが、そんなときにおすすめ。乾燥わかめに多く含まれる水溶性食物繊維には、腸管からの糖質の吸収を穏やかにして血糖値の急上昇を防ぐ働きがあるのです。白米や白いパンを食べるときにみそ汁やはるさめヌードルにポンと加えて血糖値コントロールに役立てましょう。

いいこと習慣

11

# 茶色い主食を毎日食べよう

こんないいことが！

1 茶色い主食は血糖値の上昇がゆるやか

2 血糖値の上昇がゆるやかだと卵巣機能の低下を防ぐ

# 食材別の血糖値上昇指数

「白」よりも「茶色」がいい！

茶色系

| 食材名 | GI値 |
|---|---|
| 玄米ごはん | 50 |
| ライ麦パン | 40 |
| 全粒穀物パン | 35 |
| そば | 54 |
| 全粒穀物パスタ | 30 |

白色系

| 食材名 | GI値 |
|---|---|
| 白米ごはん | 70 |
| 白いパン | 95 |
| コーンフレーク | 85 |

玄米や雑穀米、胚芽パン、そばなどの茶色い主食は、味にクセがあるものもありますが、栄養満点。食べたあとの血糖値の上昇がゆるやかなため、高血糖による卵巣機能の低下を防ぎます。また、食物繊維やミネラルが豊富。そのため、さまざまな栄養を吸収する役割を持つ腸の環境を健やかに保つ働きも。卵巣機能をこれ以上老けさせないためにもできるだけ茶色い主食をとり入れるようにしましょう。

たまに「主食（炭水化物）は太るから食べない」という人がいますが、それはNGです。ハーバード大学の研究で、良質な炭水化物（低GI値食品）を食べない女性は、食べている女性にくらべて排卵性不妊のリスクが55％も高いことが明らかになっています（※）。

たいせつなのは、主食は抜かずにとること。そしてとる場合は、なるべく「色」を見て、低GI値の良質なものをチョイスするようにしてください。

※『妊娠しやすい食生活〜ハーバード大学調査に基づく妊娠に近づく自然な方法〜』ジョージ・E・チャヴァロ／ウォルター・C・ウィレット／パトリック・J・スケレット著、日本経済新聞出版社刊より

いいこと習慣

12

# メニューに迷ったら
# 洋食より
# 和食を選ぼう

こんないいことが！

1
妊娠に必要な栄養をバランスよくとり入れられる

2
和食の中心・大豆や魚には妊娠をサポートするたんぱく質が豊富！

## 和食を多めにして必要な脂質を入れよう

外食時、「和食と洋食どっちにしよう」と迷ったら、和食を選びましょう。

和食は「一汁三菜」に加えて主食（ごはん）が基本。主菜の肉、魚などのおかずで「たんぱく質」を、副菜2品で野菜、海藻類、きのこ類などを食べるので、ビタミン類、ミネラルなど、子宮や卵巣の老化を防ぎ、受精卵の着床率を促す成分をきちんと補うことができます。

洋食に多く含まれる脂質は、乳製品や肉などに含まれる「飽和脂肪酸」と、マーガリンやマヨネーズに多く入っている「トランス脂肪酸」。これらは太りやすくなり、排卵障害のリスクを高めることが報告されています。一方、和食からは女性ホルモンの減少をサポートしてくれる大豆イソフラボンや、卵巣や精子の老化を防ぐDHAなど妊娠をサポートする脂質を多く吸収できます。外食が多いなら、洋食ばかりでなく和食のお店をすすんで選んで。

いいこと習慣

13

# 疲れた日のために
# 魚缶をストック

こんないいことが！

1
缶詰でも
DHAやビタミンDなど
妊活向けの栄養が豊富

2
妊活食材
「魚」を食べる
習慣がつく

# 手間をかけずに魚を食べるなら缶詰を活用

魚には、カルシウムの吸収を助けたり、自然妊娠をサポートする役割のあるビタミンD、受精卵のベッドとなる子宮粘膜をつくる鉄分、活性酸素から卵巣や精子を守るＤＨＡなど、妊娠を希望する男女なら積極的に体の中にとり入れたい栄養がマルチに含まれています。

毎日食べたいところですが、魚は骨や皮があるので調理がめんどう。忙しくて疲れているとどうしても敬遠しがちですよね。そんな気持ちから「毎日の食事の中で魚をコンスタントに食べるのはむずかしいかも……」と感じている人もいるかもしれません。

そんな人にぜひ活用してほしいのがさば缶やさんま缶などの魚の缶詰です。水煮缶を大根といっしょにみそで煮てもいいですし、トマトパスタにさば水煮缶を加えてあえるのでもＯＫ。継続してとることで、魚に含まれる豊富な栄養を妊娠する力にかえることができます。缶詰など便利な食材を味方にして定期的に魚を食べましょう。

いいこと習慣

14

# サプリメントはマルチビタミン＋葉酸＋鉄に注目

こんないいことが！

1 不足ぎみの栄養を補える

2 サプリが習慣化すれば妊娠をはばむ原因をなるべく遠ざけられる

妊活といえば葉酸です。葉酸不足になると生理不順、排卵障害などが起こりやすくなります。葉酸は遺伝子の関係で、不足させてしまう人が一定数います。ビタミン$B_{12}$とセットになることで、妊娠の妨げとなる危険因子・ホモシステインを無害化する働きがあるので、妊娠を意識したらサプリで必ず補いましょう。

そしてほかにもぜひおすすめしたいのが、鉄とマルチビタミン。鉄分のサプリをとっている女性は、とらない女性にくらべて排卵障害による不妊リスクが40％も低いようです（※）。マルチビタミンは、葉酸や鉄分などたいせつな栄養素がとれて、死産のリスクを低下させることがわかっています。

※ GaskinsAJ et al. PLoS One. 2012;7(9):e46276. Epub 2012 Sep 26
DOI: 10.1002/14651858.CD004073.pub4

# 妊活に必要なサプリメントをおさらいしましょう

## マルチビタミン&ミネラル

葉酸や鉄分、ビタミンDといった妊娠に有益な働きをする栄養素がフルパワーで働く。そのほかたいせつな栄養素もいろいろ補えるので、頼もしい存在。妊娠適齢期の働く女性が足りている栄養素は塩分だけなので、マルチビタミン&ミネラルで底上げしておきましょう。

## 葉酸

胎児の神経管閉鎖障害を防いだり、妊娠高血圧症候群や胎盤早期剥離を予防する役割が。葉酸は、食べ物だけでは1日に必要な量をまかなうのがむずかしいので、サプリを活用して。ただしとりすぎは禁物。

## DHA/EPA

DHAには卵子や精子の酸化を防いで老化を抑える働きがあり、EPAは体内の血のめぐりをよくする役割があります。青魚を定期的に食べるのがむずかしい人は、マストでとりたいサプリメントです。

## 鉄

子宮や卵巣などの臓器に酸素を運んだり、葉酸とともに、受精卵が胎児になる過程をサポートする役割が。常に不足しがちなので、特に妊活中から授乳中にかけてはサプリメントでしっかり補って（※）。

※過剰摂取を避けるため、月経が止まっていた経験がある人は、貧血検査を受けたうえで判断しましょう（献血で検査可能です）。

## ビタミンD

卵巣をいい状態にキープしたり、受精卵の着床率をアップさせたりする働きがあるといわれています。ビタミンDの効果を高めるには、マグネシウムとセットでとるのがおすすめです。

日本人女性7000人のデータから誕生！

## 「血の力」を高める 天然ヘム鉄サプリメント

すこやかに妊活するためには、「血力」が大切です。その「血力」のパワーを支える鉄分、亜鉛、葉酸、ビタミンB群、ビタミン$D_3$など9つの栄養を配合。飲みやすい大きさ、形なので無理なくつづけられます。

Revol ESSENTIALS（サプリメント）

- 4,980円（税込・1袋60粒入）
- 定期便 2,980円（税込・送料込）
- ストーンホワイト缶 500円（税込）

商品のくわしい情報はRevolホームページ（下記）まで。
「血力テスト」（無料）もできます！
https://revolyourself.com

※価格は2020年9月現在。変更になる場合がございます。

旬の食材をおいしく食べて妊娠！

# 妊娠力を高めるレシピ12

「食べながら妊活できて、おいしい料理ってないかな」という人のために、
季節の旬が味わえて簡単に作れるえりすぐりのレシピをピックアップしてみました！

監修／陣内彦良（医療法人社団JWC　陣内ウィメンズクリニック院長）
アドバイス／高岡佳子（管理栄養士・健康運動指導士）　料理／あまこようこ
撮影／黒澤俊宏、佐山裕子（ともに、主婦の友社）、楠 聖子　スタイリング／坂上嘉代　取材・文／浦上藍子

## さわらの香草パン粉焼き 菜の花添え

**ビタミンB群やビタミンD、亜鉛などを豊富に含むさわら。やわらかい身にワザありパン粉をまぶして、さっくり上品に焼き上げます。**

**【材料（2人分）】**

| | | |
|---|---|---|
| | さわら | 2切れ |
| | にんにく | 1かけ |
| A | 塩 | 小さじ1/2 |
| A | こしょう | 少々 |
| | オリーブ油 | 適量 |
| B | ローズマリー（乾燥） | 小さじ1/2 |
| B | パン粉 | 大さじ3強 |
| B | 粉チーズ | 大さじ1 |
| | 菜の花 | 1/2束 |
| | 塩、こしょう | 各少々 |
| | バルサミコ酢 | 大さじ3 |

❶にんにくは包丁の腹でつぶす。
❷さわらは両面にAを振って、オリーブ油大さじ1をかけ、まぜ合わせたBをまぶす。
❸フライパンにオリーブ油適量、①を入れて火にかけ、香りが立ったら②を加えて焼き、焼き色がついたら上下を返し、両面をこんがりと焼く。あいたところで食べやすい長さに切った菜の花をいため、塩、こしょうを振る。
❹別のフライパンでバルサミコ酢を熱し、半量になるまで煮詰める。
❺器に③を盛り、さわらに④をかける。

菜の花に豊富なビタミンCで
子宮や卵巣の老化を防ぐ

血液の質をよくするあさりの効果で
子宮や卵巣にも十分な栄養が！

# 春キャベツとあさりのトマト蒸し

**あさりとにんにくの香りに誘われる春のごちそう。キャベツを焼きつけて、うまみを凝縮してから蒸すのがポイントです。**

**【材料（2人分）】**

| | |
|---|---|
| 春キャベツ | 1/4個 |
| あさり（砂出しずみ） | 10個 |
| トマト | 1/2個 |
| にんにく | 1かけ |
| 白ワイン | 大さじ2 |
| 塩、こしょう | 各少々 |
| オリーブ油 | 小さじ2 |

❶キャベツは芯を残して4等分のくし形に切る。にんにくは包丁の腹でつぶす。トマトは横に半分に切って種をとり、ざく切りにする。

❷フライパンにオリーブ油、にんにくを入れて中火にかけ、にんにくがきつね色になったら、キャベツを加えて両面に焼き色がつくまでしっかりと焼く。

❸あさり、トマト、白ワインを加え、ふたをして蒸し煮にする。あさりの口があいたら、塩、こしょうを振る。

# 肉巻きイタリアンボールチーズソースがけ

**まん丸ボールをほおばれば、トマトのうまみとバジルの香りが広がるサプライズ！　チーズソースがとろけて、見た目もフォトジェニックです。**

**【材料（2人分）】**

| | | |
|---|---|---|
| 豚ロース薄切り肉 | | 8枚 |
| ミニトマト | | 8個 |
| バジル | | 8枚 |
| ブロッコリー | | 1/4個 |
| 塩、こしょう | | 各適量 |
| 小麦粉 | | 適量 |
| 酒 | | 大さじ2 |
| A | ピザ用チーズ | 50g |
| A | 牛乳 | 大さじ2 |
| A | かたくり粉 | 小さじ1/2 |
| オリーブ油 | | 大さじ1 |

❶豚肉1枚を広げ、バジル1枚とミニトマト1個をのせてすき間なく巻く。塩、こしょう各少々を振り、小麦粉を表面に薄くまぶす。残りも同様に作る。

❷フライパンにオリーブ油を熱し、①を転がしながら焼く。小房に分けたブロッコリーはフライパンのわきで焼く。焼き色がついたら酒を加えてふたをし、3分ほど蒸し焼きにして器に盛る。

❸別のフライパンにAを熱してチーズをとかし、②にかける。

豚肉のたんぱく質と
野菜の力で代謝アップ！

のりに含まれるカリウムで
おいしくデトックス

# のりたっぷり しょうがチャーハン

**のりは、たんぱく質、ビタミン、ミネラル、食物繊維など、栄養の宝庫で、「海の野菜」の異名をとるほど。仕上げに加えれば、風味も格別！**

**【材料（2人分）】**

あたたかいごはん……茶わん2杯分
卵……2個
のり……2枚（全形）
しょうが……1/2かけ
ねぎ……1/4本
塩、しょうゆ……各小さじ1/4
こしょう……少々
油……適量

❶のりはポリ袋に入れてもみ、もみのりにする。しょうが、ねぎはみじん切りにする。卵はときほぐす。
❷フライパンに油を熱し、とき卵を流し入れて強火でいため、半熟状になったらごはんを加え、まぜながらいためる。
❸しょうが、ねぎを加えていため、塩、こしょうを振り、しょうゆをなべ肌から加えてまぜ、のりを加えてまぜ合わせる。

# 枝豆の ペペロンチーノ

**枝豆は下ゆでせずに蒸し焼きにするのがポイント。さわやかな青みと香ばしさがあと引く味わい。副菜としてはもちろん、おつまみにも◎。**

**【材料(2人分)】**

枝豆……1袋
にんにく……1かけ
赤とうがらし(小口切り)……1本
オリーブ油……大さじ1
塩……小さじ1/2

❶枝豆はキッチンバサミで両端を切る。にんにくは薄切りにする。
❷フライパンにオリーブ油、にんにく、赤とうがらしを入れて中火にかけ、にんにくがきつね色になったら、枝豆、水1/2カップ、塩を加えてふたをし、水分がなくなるまで蒸し焼きにする。

さやごと蒸し焼きにするから
老化防止のビタミンが豊富

鶏肉のコラーゲンで
子宮が細胞からイキイキ

# レモンミントの エスニックスープ

**鶏手羽とねぎはこんがりと焼いてから煮込むのが、うまみアップのポイント。コラーゲンたっぷりで、疲労回復にも効果あり！**

**【材料(2人分)】**

鶏手羽先……6本
ねぎ……1本
セロリの葉……1本分
ナンプラー……大さじ1.5
レモン汁……大さじ1
ミント……10枝

❶手羽先は関節のところを切り落とし、骨と骨の間に切り込みを入れる。ねぎは3cm長さに切る。
❷グリルまたはフライパンで手羽先とねぎをしっかりと焼き色がつくまで焼く。
❸なべに水3カップ、②、セロリの葉を入れて熱し、沸騰したらふたをし、弱火で15分煮る。
❹ナンプラーを加えて味を調味し、火を止めてレモン汁、ミントを加える。

さんまの血液サラサラ効果で
卵巣など体全体に栄養が届く


# さんまのパエリア

**パリッと香ばしく焼いてから炊き上げるひと手間で、さんまのうまみを最大限に引き出します。フライパンごと豪快に食卓へ！**

**【材料(2人分)】**

| | | |
|---|---|---|
| 米 | | 1カップ(200mℓ) |
| さんま | | 2尾 |
| 塩、こしょう | | 各少々 |
| にんにく | | 1/2かけ |
| 玉ねぎ | | 1/2個 |
| ミニトマト | | 8個 |
| ズッキーニ | | 1/2本 |
| A | 固形スープ | 1個 |
| | 塩 | 小さじ1/2 |
| | サフラン(あれば) | ひとつまみ |
| オリーブ油 | | 大さじ1 |

❶さんまは斜め半分に切り、尾、内臓と血をとって洗う。しっかり水けをふき、塩、こしょうを振る。
❷にんにく、玉ねぎはみじん切り、ミニトマトは8等分に切り、ズッキーニは1cmの角切りにする。
❸小なべに水2カップとAを入れてひと煮立ちさせる。
❹フライパンにオリーブ油を熱し、さんまの両面をこんがりと焼き、とり出す。
❺同じフライパンで、にんにく、玉ねぎをいため、玉ねぎがしんなりしてきたら、米を加えていためる。米が透き通ったら、平らにならし、ミニトマトとズッキーニを散らし、さんまを戻し入れる。
❻③を回しかけ、ふたをして弱火で15分ほど煮て、火を止め、5分蒸らす。好みでレモンを添える。

# えびとアボカドのグラタン

**とろんとクリーミーなアボカドにプリプリのえびを合わせてオーブンへ。切って、かけて、焼くだけの手軽さもうれしい♪**

**【材料(2人分)】**
えび……8尾
アボカド……1個
塩……少々
トマトソース缶……1/2缶(150g)
卵……1個
ピザ用チーズ……20g

❶えびは背わたと殻をとり、塩を振る。アボカドは薄切りにする。
❷グラタン皿に半量のトマトソースを敷き、アボカドを並べて、えびを散らし、残りのトマトソースをかける。中央に卵を割り入れ、チーズを振る。
❸トースターで10分ほどこんがりと焼く。

ホルモンバランスを整える
ビタミンEたっぷりメニュー

# 白いんげんとベーコンのにんにくスープ

**塩だけのシンプル調味で、驚くほど豊かな味わいに。いんげん豆には、カルシウムやマグネシウム、鉄などのミネラルに加え、食物繊維もたっぷり。**

**【材料(2人分)】**
白いんげん豆水煮缶……1缶(200g)
ベーコン(かたまりまたは厚切り)……80g
玉ねぎ……1/2個
にんにく……1かけ
オリーブ油……小さじ2
塩……小さじ1/4
ローリエ……1枚

❶ベーコンは1cm厚さに切る。玉ねぎは1cm厚さに切る。にんにくは包丁の腹でつぶす。
❷なべにオリーブ油、にんにくを中火で熱し、にんにくがきつね色になったら、ベーコン、玉ねぎを加えていためる。玉ねぎがしんなりしたら、水2カップ、白いんげん豆、ローリエを加え、ひと煮立ちしたら弱火にし、10分煮る。塩で調味する。

白いんげんの豊富な栄養で
自律神経の乱れをリセット

Winter
血をつくる小松菜で
妊活の敵"冷え"を撃退

# 小松菜ときのこのアンチョビーパスタ

**小松菜には植物性の非ヘム鉄、ビタミンAなどが含まれます。にんにくとアンチョビーの風味をきかせて、ガツンとパンチのある味わいに。**

**【材料(2人分)】**

スパゲッティ……160g
小松菜……2株
まいたけ……1パック(80g)
エリンギ……1本
にんにく……1かけ
アンチョビー(フィレ)……3枚
赤とうがらし(小口切り)……1本
こしょう……少々
オリーブ油……大さじ2

1. 小松菜は3cm長さに切る。まいたけ、エリンギは食べやすい大きさに切る。にんにく、アンチョビーはみじん切りにする。
2. なべにたっぷりの湯を沸かし、湯量の1%の塩(分量外)を加え、スパゲッティを入れて袋の表示より1分短めにゆでる。
3. フライパンにオリーブ油、赤とうがらし、にんにくを入れて中火にかけ、にんにくがきつね色になったら、まいたけ、エリンギを加えていためる。
4. きのこに火が通ったら、アンチョビー、小松菜をいため合わせ、ゆで上がったスパゲッティとゆで汁1/4カップを加えて強火で手早くまぜ、汁けがなくなってきたらこしょうを振る。

# たらのフリット レタス包み タルタルソース

**冬が旬のたらは、高たんぱく質で低脂肪。妊活注目の栄養素、ビタミンDも豊富です。揚げたてアツアツをほおばって♡**

**【材料(2人分)】**

たら……1切れ
塩……小さじ1/4
A
- 卵白……1/2個分
- 塩……ひとつまみ
- 小麦粉……10g

小麦粉……適量
B
- ゆで卵(みじん切り)……1/2個
- マヨネーズ……大さじ1
- 玉ねぎ(みじん切り)……10g
- 酢……小さじ1/4

揚げ油……適量
レタス……4枚
バジル……8枚

❶たらは四等分して塩を振って10分おき、キッチンペーパーで水けをふきとる。
❷Aの卵白、塩をまぜ合わせ、角が立つまで泡立てたら、Aの小麦粉をふるいながら加え、さっくりとゴムべらでまぜる。
❸①に小麦粉を薄くまぶし、②にくぐらせ、180度の揚げ油できつね色になるまで揚げる。
❹レタスを器形にして中にバジルを敷き、③をのせてまぜ合わせたBを添える。

ビタミンDが豊富な旬のたらで妊娠力をマルチに上げる

にんにくパワーで血行を促し子宮の奥からポカポカに!

# トマトと玉ねぎ、にんにくのスープ

**フレッシュトマトの甘みと酸味を生かして、やさしい口当たりのあったかスープに。生クリームを加えて、リッチに仕上げます。**

**【材料(2人分)】**

トマト……2個
玉ねぎ……1/2個
にんにく……1かけ
生クリーム……1カップ
塩……小さじ1/2
オリーブ油……小さじ2

❶トマトは湯むきして種をとり、みじん切りにする。玉ねぎ、にんにくはみじん切りにする。
❷なべにオリーブ油、にんにくを入れて中火にかけ、香りが立ったら玉ねぎを加えていためる。しんなりしたら、トマト、水1カップを加え、ふたをして弱火で10分煮る。
❸生クリームを加え、あたたまったら塩で調味する。好みでイタリアンパセリをのせる。

第3章

# 冷えた体をしっかり変える
# 体の中から、外から！
# 〝発熱ボディ〟習慣

体の「冷え」は血流が悪くなっているサイン。血流が滞ると、子宮や卵巣に栄養が行き届かず、その活動を妨げてしまいます。また、疲れやすくなるという問題も……。解消するには体をあたため血液をめぐらせることがたいせつ。妊娠にかかわる重要な臓器に十分な栄養を届けるために、冷えた体を改善し〝発熱ボディ〟をめざしましょう。

## 冷えない体をつくるには

# 「筋肉量アップ」「血流アップ」が欠かせません

「手足がいつも冷たい」「下腹部がひんやり重い感じがする」。こんなプチ不調があれば、おそらく「冷え」が原因です。「私って冷え性かも」と感じている人はけっこういるのではないでしょうか。自覚症状がない人でも、「夏でも汗をかかない」「シャワーですませている」「下痢や便秘になりやすい」など、「冷え予備群」の可能性があるので、要注意です。

体が冷えると血管が収縮し、血流が悪くなります。受精卵を着床させて育てるたいせつな場所である子宮には、栄養を十分に送り届けるために血液がたくさん流れ込んでいますが、血流が滞ると酸素や栄養が十分に行き届かず、本来の機能を発揮できません。子宮や卵巣の機能が衰えると、やがて卵子の質が低下したりすることも。女性ホルモンの分泌も悪くなり、たとえ受精しても着床を促すホルモンがうまく出ないことがあります。

実際に「妊活」世代の女性は、平熱が35度台という人が少なくありません。60年前の日本人女性の平均体温は36・8～37・2度でしたが、生活様式や食生活の変化などによって、いまや平均体温は35・8度と、1度近くも低くなっているのです。

人の体は体温が1度下がるだけで免疫力が約30%、代謝が約12%も落ちます。免疫力が落ちれば、さまざまな病気にかかりやすくなり、妊活をしていても中断せざるをえないことも。また代謝が落ちると、むくみや便秘などを引き起こし、子宮や卵巣の動きを妨げることにもつながります。こうした「冷え」による不調は、病気ではなく「未病」の状態といえます。「動けないくらいの体調不良ではないから（もうちょっと）大丈夫」とほうっておくと、トラブルを引き起こすことに。「たかが冷え」と油断してはダメ！　未病のうちにしっかり対策することが必要です。

妊娠力をアップするためには、冷えをとって、基礎体温を36・5度以上に保つことがたいせつ。冷えをとる方法は2つ。自分自身で熱をつくれるようにすることと、体が冷えないよう外からあたためることです。

そこで、毎日の習慣にしたい「冷え対策」を紹介。冷えない体をつくって妊娠しやすくなるために、さっそくきょうから実践しましょう。

いいこと習慣

1

# 下半身に筋肉をつけて〝発熱ボディ〟へ

こんないいことが！

1 筋肉がふえると体温が上がり、血流がアップ！

2 下半身にある子宮や卵巣もあたたかく

## 下半身の筋トレで即効、ポカポカ体質に

男性より女性に多い冷え性。女性が男性よりも冷えやすいのは、全身の筋肉量が少ないためです。体温の約40％は筋肉がつくっているので、適度な運動をして筋肉をふやせば、より多く熱をつくり出すことができます。

では、どんな運動をしたらいいのでしょうか。おすすめは、スクワットなど下半身の筋肉トレーニング。体の筋肉の75％は下半身についているので、おしりや太ももなど下半身を中心に動かす運動は筋肉量をふやすのにとても効率的です。さらにウォーキングやジョギングなどの有酸素運動とセットで行うと、より筋肉がつきやすいボディに。毎日が無理なら1日おきでもいいですし、週末に集中的にやってもOKです。

下半身に筋肉をつけると、むくみがとれる、血糖値が下がって排卵トラブルなどのリスクが低くなる、などの〝いいこと〟も。テストステロンというホルモンが分泌され、メンタル面も強くポジティブになれるのもメリットです。

□ 2

# 1日水2L習慣はきょうからやめる

こんないいことが！

1

水分が体に滞らず卵巣や子宮を冷やさない

2

〝ちょい足し白湯〟におきかえれば冷やさず血行促進

## せっかく飲むなら しょうがパワーをちょい足し！

**しょうが湯の作り方**

カップ1杯程度のお湯に生のしょうがを適量すりおろして入れ、まぜれば完成。白湯で飲みづらければ、紅茶にしても！

「水をたくさん飲んだほうがいい」といわれ、1日2L飲むのを目標にしている人も多いのでは？　でも体が冷えていると、いくら水を飲んでも細胞に水分が届きません。逆に体の中で熱を奪う「冷却水」のような役目をしてしまうことに。

水はのどの渇きを感じたとき、飲みたいと思ったときに飲めばOK。せっかく飲むなら、冷たい水よりも、体があたたまるものを飲みましょう。そこで実践してほしいのが白湯にあたため食材を加えて飲む「ちょい足し白湯」です。ちょい足しのおすすめ食材は「しょうが」。しょうがは、血行を促進する作用があるため、白湯に加えるだけで、体がじんわりあたたまります。内臓の冷えをとり、子宮や卵巣の働きも活発に。しょうがチューブも手軽ですが、市販のしょうが粉末や生のしょうがをすりおろして加えるのがベスト。保温効果がアップします。すりおろししょうがは、紅茶にもよく合います。そのほかシナモン、梅干し、しそ、くず粉、はちみつ、黒砂糖などのあたため食材のちょい足し白湯やドリンクもおすすめです。

いいこと習慣

3

# 発酵食品の
# みそ汁とチーズで
# ポカポカ体質に

こんないいことが！

1
アミノ酸や
酵素の働きで
発熱するボディに

2
適度な塩分のおかげで
腸内環境がよくなり
子宮への血流アップ

## アレンジいろいろ！ 毎日、みそ汁生活を

毎日の食事には、体をあたためる食材を積極的にとり入れてください。おすすめは、みそや納豆、チーズなどの発酵食品。発酵食品に含まれる酵素がエネルギーの代謝を促し、体をあたためてくれます。特にみそ汁は、日本人の健康を守ってきた伝統食。1日1回は飲むようにしましょう。

みそ汁のいいところは、妊娠をサポートするアミノ酸やビタミン、ミネラルなどの栄養がたっぷり含まれていること。体があたたまるのはもちろん、腸内環境を整え、腸の周辺の子宮や卵巣などを元気にする効果が期待できます。ねぎやしょうがをプラスすれば、さらにパワーアップ。忙しいときは、お湯にみそをとかすだけでもいいですし、手軽なだし入りみそを使うのもＯＫ。

もう1つ手軽に食べられる発酵食品がチーズ。腸内で悪玉菌の増殖を抑制する乳酸菌が含まれ、栄養素を吸収する役割を担う腸のコンディションを整える効果が。いろいろな種類があるので、おやつとして食べるのもいいでしょう。

4

# 満腹NG！腹八分目が体を活性化

こんないいことが！

1
血流の悪さが解消され、子宮や卵巣にも血が流れてあたたかく

2
腹八分目で子孫繁栄モードになりやすい

## 冷えを遠ざけるなら腹八分目がいい！

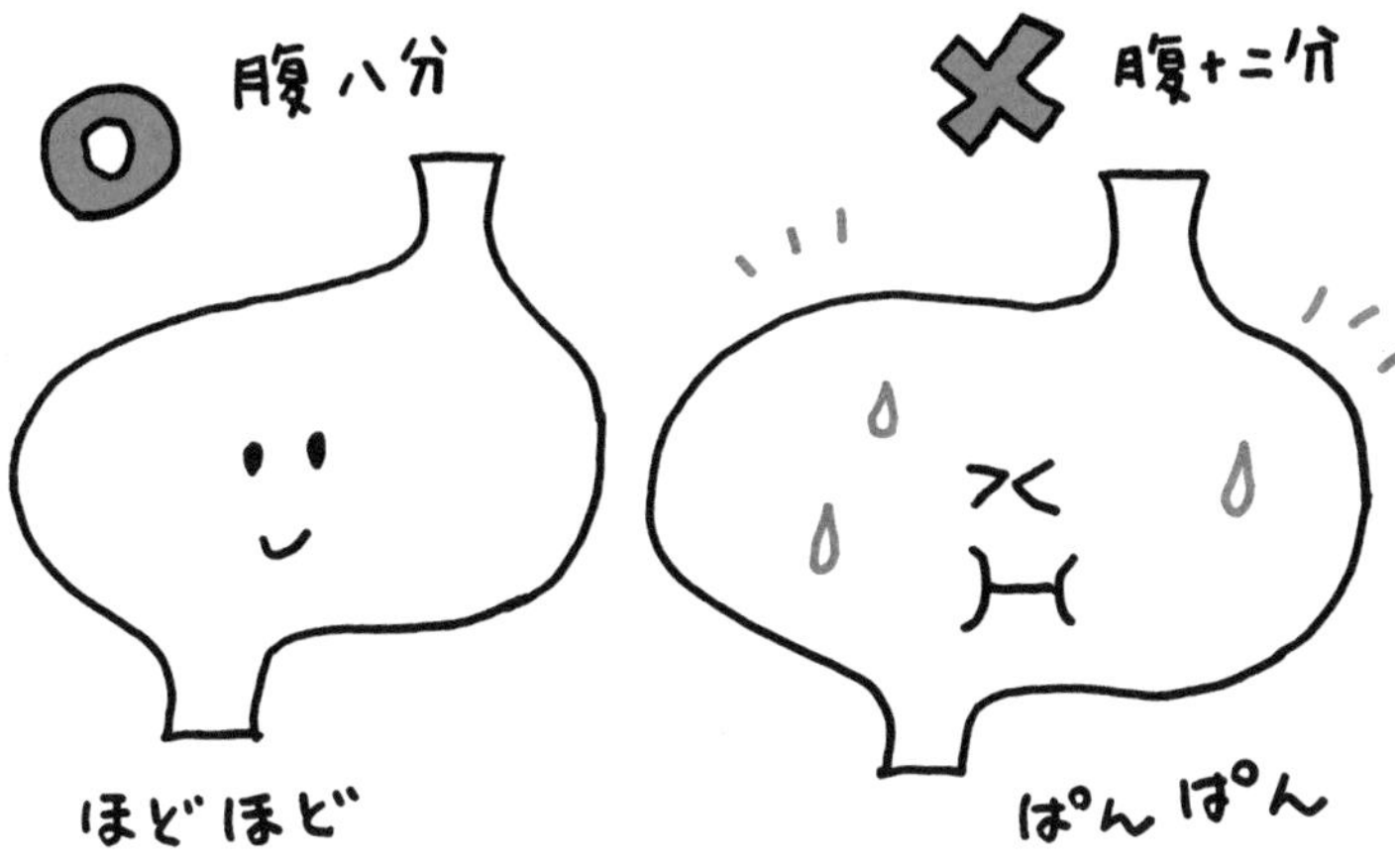


妊娠するためには、栄養バランスのとれた食事が基本ですが、食べすぎはダメ。食べすぎると、消化のためにたくさんの血液が胃に行ってしまいます。すると老廃物を排出する臓器に血液が流れにくくなり、それが冷えの原因になります。仕事のあとや週末に、解放感からドカ食いしがちな人は要注意です。

体内の老廃物をきちんと出すには、自分が「おなかがすいた」と感じる時間をつくることが大事。そう聞くと、「空腹を感じたほうがいいなら野菜や海藻など低カロリーのものだけを食べよう」と考える人もいるかもしれません。でも、それでは妊娠するために十分な栄養がとれません。

ポイントは腹八分目。生物には十分に食料が得られず危機的状況になると、子孫を残そうとする本能がありますが、いつもおなかいっぱいで満足状態にあると、子孫繁栄のモードになりにくいといいます。「もうちょっと食べたいな」と、もの足りなさを感じるぐらいを心がけて。

いいこと習慣

5

# ラクで最強！365日、下着は腹巻きパンツ

こんないいことが！

1 子宮や卵巣があたたまって活性化する

2 一体型の腹巻きパンツなら簡単&ズレない

## オールシーズン手放せないマストアイテム！

体の外からあたためる手っとり早い方法が腹巻きです。「身につけるだけ」と簡単なのに、そのパワーは絶大。血流の多いおなかをあたためることで、効率的に体温を上げることができます。子宮や卵巣をポカポカにすれば、女性ホルモンの分泌をアップ。また、全身のリンパ球の約70％が集まる腸があたたまれば、免疫力が高まり、体調も整います。24時間365日、常に着用するのが理想ですが、「めんどくさい」「いつもズレが気になる」という人も多いもの。そこで便利なのが、ショーツと一体化した「腹巻きパンツ」。サッとはくだけでおなかまわりをしっかりカバーし、ズレなく快適に過ごせます。腹巻きパンツがなければ、長めのキャミソールでもＯＫです。それでも「夏はさすがに暑いから避けたい」と思った人、夏は冷房によって予想以上に体が冷えます。一度つけてみてあたたかく感じるか、暑すぎないか、試してみてください。

いいこと習慣

6

# デスクワーク中は「頭寒足熱《ずかんそくねつ》」のスタイルを

こんないいことが！

1
下半身をあたためれば
血液と熱がめぐり
全身ポカポカに

2
子宮や卵巣を
冷えから守る
夏の冷房対策にも有効

通勤ファッションは、子宮と卵巣がある下半身中心にあたたためるスタイルがベターですが、夏はあたためスタイルを徹底するのはむずかしいもの。それなら、デスクワーク中だけは必ず下半身を冷やさないように気をつけて。あまり動かずに長時間同じ姿勢でいると、血流が悪くなり、全身が冷えてしまいがちです。下半身に血液や熱がよくめぐるように、「頭寒足熱」のスタイルを心がけましょう。

オフィスでは、足や腰のまわりにできればストールをプラスして下半身をあたたかくキープ。上半身は、カーディガンなどの着脱しやすい羽織り物で寒暖調整を。羽織るものさえあればトップスはあまり着込みすぎなくてＯＫです。季節に合わせて、素材を変えて調整してください。夏場は、冷房が効いた場所で１日中仕事していると、体の芯から冷えきってしまいます。ソックスやレッグウォーマーをこっそり着用し、冷えから体を守りましょう。

7

いいこと習慣

# 外出中も温ペットボトルで血流アップ

こんないいことが！

1 お手軽＆パワフルに体の芯まで熱が伝わる

2 足うらに当てれば卵巣を含む下半身の冷えとりに！

## 冷えたなと思ったら、どこでも温ペット

### 温ペットボトルの作り方

ホット用のペットボトルを用意。まず水を1/3入れ、残りの2/3に熱いお湯を入れます。このときやけどに注意を。ふたをして完成。

冷えとりのために日常使いしたい便利アイテムが、湯たんぽ。じんわり熱が伝わり、体の芯までポカポカになる、最強のあたためアイテムです。最近は持ち運べる、小さいタイプもありますが、常に持ち歩くのはむずかしい人もいるでしょう。実は、湯たんぽのかわりに気軽に利用できるのが、あいたペットボトル。お湯を入れれば即席の湯たんぽ〝温ペットボトル〟に変身します。

筋肉量の多い太ももにおくと、たくさんある毛細血管があたたまって効率よく血行を促進。座った状態でひざかけの下に〝温ペットボトル〟をしのばせ、あたためるといいでしょう。腰やおなかに当てると、子宮の血流がよくなり、動きも活発に。靴を脱いで温ペットボトルを足のうらに当てれば、下半身がじんわりポカポカに。一度使ったら病みつきになる心地よさです。外出先では、自動販売機で買った温ペットボトルでも代用ＯＫ。

いいこと習慣

8

# 布ナプキンで冷えストレスを軽く！

こんないいことが！

1
子宮や膀胱をやさしくあたためてストレスをやわらげる

2
経血の冷たさを感じづらくなり、生理痛や排卵痛を緩和

ホッとするあたたかさと
守られている感が魅力！

コットンなどで作られた布ナプキンは、肌ざわりがよく、あたたかいつけ心地です。日常的につけていると子宮や膀胱を保温してくれるので、生理痛や排卵痛の緩和にもつながります。洗って繰り返し使えるので、「あたためライナー」として使うのがおすすめです。

布ナプキンには、折って使うハンカチタイプ、ショーツにホルダーを固定してパッドをセットするタイプ、吸収体が入っていてスナップで固定する一体型などがあります。スナップつきのものなら、使い方は羽根あり紙ナプキンと同じ。素材もサイズもいろいろあるので、実際に使ってみて自分好みの形、サイズ、厚さを見つけましょう。

個人差はありますが、通気性のよい布ナプキンは「かゆみやかぶれが出にくい」という人も。洗って使うので、おりものの状態をチェックしやすいというメリットもあります。おりものの量が多く水っぽいときは、体が冷えているサイン。冷え性の人は布ナプキンにすることでおりもののストレスを軽くできるかもしれません。

いいこと習慣

9

# 寒い場所では3首をしっかり隠す

こんないいことが！

1 首をあたためることで全身の冷えが解消する

2 手首、足首を冷えから守ると指先までポカポカに

首、手首、足首。この3つの「首」が冷えると、全身が冷えやすくなります。理由は、3首の近くを動脈が走っているため。寒い場所では、この3首をしっかりカバーしてあたためるように心がけてください。たとえば首には頸動脈という太い血管が通り、熱を生み出す褐色脂肪細胞が集まっています。冷えに効くツボも多いので、首をあたためることで全身の冷えを緩和することができます。寒い季節に外出するときは、ストールやマフラーで首をしっかり隠し、帰宅したら蒸しタオルなどであたためるといいでしょう。手首は手袋やリストウォーマー、足首はソックスやレッグウォーマーを使ってガードを。

また、室内にいても要注意。特に冷房が効いた夏場のオフィスは、むき出しの首や手首、足首から冷えがどんどん全身へ広がってしまいがち。ストール、袖が長めの羽織り物、レッグウォーマーなどを常備しておき、ケアを心がけてください。

10

# 下腹部の冷えには〝ドライヤー温灸〟

こんないいことが！

1 ツボを刺激して血行をよくすると体がポカポカに

2 火を使わないから安全＆安心手軽にできる

## ドライヤーがあればOK。お手軽セルフ温灸

冷えなどの不調を改善する方法に「温灸」があります。普通の温灸は、全身に点在するツボに、よもぎの葉から作ったもぐさをおき、火をつけてあたためることでツボを刺激するもの。血行をよくし、体全体をポカポカにしてくれますが、火を使うので「熱そう」「家で使うのが心配」と手が出ない人も。そこで試したいのが、ドライヤーの温風でツボをあたためる「ドライヤー温灸」です。体じゅうにたくさんあるツボの中で特に冷えに効くのが、足首内側にある「三陰交《さんいんこう》」（146〜147ページ参照）。ここに温風を当てると、足から下半身にかけてがあたたまります。ドライヤーを足から10〜15㎝離して、弱モードであたためるのがコツ。服の上からでもOKです。

また、がんこな冷えには、「こんにゃく温湿布」も効果的。こんにゃくを熱湯でゆでて、布でくるみ、おなかや腰に当てるだけ。こんにゃくの熱が体の奥まで浸透し、じんわりあたたまります。身近な道具や材料を使ってできるワザを味方につけて「冷え」対策をしましょう。

いいこと習慣

11

# 運動→ふろをセットにすると冷えない体に

こんないいことが！

1
体温を上げる筋トレが毎日の習慣になる

2
入浴前に運動すると代謝が上がりポカポカ体質に！

## もも上げは服を脱ぐ前のお約束に

冷えを解消するには、毎日必ずおふろに入ること。シャワーではなく、湯ぶねにつかって体を芯からあたためることで、血行がよくなり、疲れのとれ方や睡眠の質が大きく変わってきます。せっかくなら、その前に軽く運動をするようにしましょう。ほどよく筋肉を動かしてから湯ぶねにつかると、代謝がぐんとアップして汗をかきやすくなり、入浴後にポカポカ感が長つづきします。「運動はしたいけれどつい忘れちゃう」人も、おふろとセットにすれば自然と毎日のルーティンにできるはず。

入浴前におすすめの運動は、スクワットやもも上げ運動など、下半身の筋トレ。服を脱ぐ前やあとに脱衣所などでも手軽にできるのがポイントです。運動後は必ず水分補給をしてからおふろへ。38～40度のぬるめのお湯に、プツプツと汗をかくまでつかります。ぬるめのお湯は副交感神経が優位になり、リラックス効果を高めます。

いいこと習慣

12

# 入浴剤は炭酸系かバスソルトを選ぶ

こんないいことが！

1
炭酸系入浴剤は毛細血管を開きよりあたたまる

2
バスソルトのイオン成分が膜をつくり保湿効果が高まる

お気に入りの入浴剤で
あたため効果をアップ！

入浴剤を入れるならあたため効果の高いものを。炭酸ガス入りの入浴剤は、炭酸ガスが血管に入り込んで毛細血管を開き、血のめぐりをよくするので、内側からじんわりあたたまります。ぬるめのお湯でもたっぷり汗をかけるので、体内の血流をさらによくする役割も。

また、バスソルトを使うのもいいでしょう。花やハーブ、エッセンシャルオイルなど香りもあり、リラックス効果が高くなります。さらにマグネシウムやナトリウムなど、体に必要なミネラル成分がたっぷり含まれていて、発汗作用と保湿効果がありまます。バスソルトを入れた湯ぶねにつかったら、洗い流さずそのまま出るのがポイント。イオン成分が皮脂につくとベールができるため、保温効果が長くつづきます。

入浴剤やバスソルトがなければ、浴槽に自然塩をひとつかみ入れてもＯＫ。柚子やしょうが、ミントなど、薬効成分のある植物を入れるのも、血行促進に効果があります。

いいこと習慣

13

# 湯ぶねNGの日は、「手浴」や「足浴」をしよう

こんないいことが！

1 手のひらと足うらにはツボがあり全身をポカポカに

2 生理中はシャワー浴の前に行うと冷え防止に

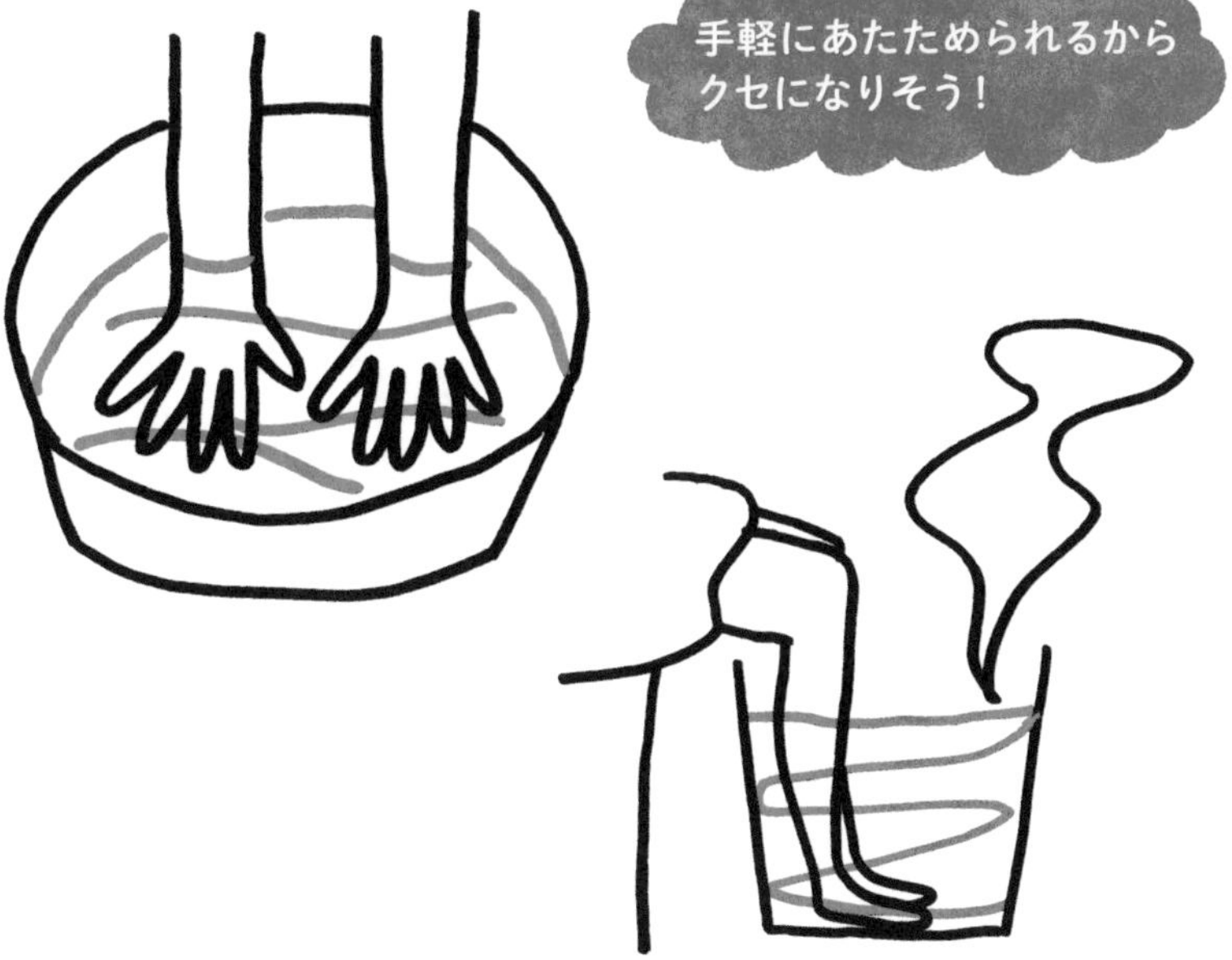


湯ぶねにつかれない日は、シャワーだけですませず、「手浴」や「足浴」をプラスして。洗面器やバケツにお湯を張って、手足をつけるだけ。手のひらや足うらには、内臓を活性化させるツボがたくさんあるので、手足をあたためると子宮をはじめ内臓が活性化して体全体があたたまります。

手浴は、手首までしっかりつけるのがポイント。熱めのお湯に10分、冷水に10秒と、数回繰り返すうちに肩や首の血流が促進されていきます。

足浴をするときは、熱めのお湯をくるぶしの上までつかるぐらい用意します。いすに腰かけて両足をお湯につけて10〜15分、本を読んだり音楽を聴いたり。リラックスして過ごせるので就寝前におすすめです。

さらに効果を上げたい人は、すりおろしたしょうがや自然塩を入れると、血行が促進され、あたため効果がアップ。お気に入りのアロマオイルをたらすと、好きな香りに包まれてリラックス効果も倍増。楽しみながらできるので、冷えを感じたときに積極的にとり入れて。

＼いいこと習慣／

14

# 寝る前にストレッチと腹式呼吸

こんないいことが！

1
入浴であたたまった骨盤まわりの血流がよりスムーズに

2
「ストレス冷え」を解消してくれる

## 吸って、吐いて 心も体もリラックス

ベッドに入る前の30分〜1時間は、明日の仕事のことを考えたり、スマホで刺激のある動画を見たりするのはやめて、ゆったり過ごすよう心がけましょう。おふろから出たら、部屋を間接照明にして、ゆっくりストレッチと腹式呼吸を。

湯ぶねにつかってポカポカになった体は、冷えや疲労でかたくなっていた筋肉がほぐれて伸びやすくなっているので、ストレッチ効果が上がる絶好のタイミングです。特に脚を開いて股関節まわりをほぐすと、血流がよくなり、老廃物や余分な水分の排出にも効果的。毎日つづけていくと、冷えやむくみの改善につながります。

ストレッチのあとは、腹式呼吸でリラックス。目を閉じて、おなかをふくらませながらゆっくり鼻から息を吸い込んだら、口からゆっくり息を吐きながらおなかを少しずつへこませます。4〜5回ほど繰り返すうちに、自然と休息モードにチェンジ。自然な眠けが訪れてリラックスして眠ることができます。

ポカポカ習慣❶

# じんわり半身浴

## 夏は38〜40度、冬は41度

適温は低めの38〜41度前後。冬場は上半身を冷やさないよう、肩に乾いたタオルをかけて保温しましょう。

## みぞおちの下までつかる

お湯につかるのは、みぞおちから下だけ。心臓や肺を圧迫しないので、時間をかけて下半身をあたためられます。

## アロマや音楽でリラックス

アロマオイルを入れたり、音楽を聴いたりもおすすめ。好きな香りや音楽の効果で、さらにリラックスできます。

みぞおちから下だけお湯につかる半身浴は、冷え解消に即効性がある入浴法。体の中で最も冷えやすい足と、全身の温度を感知する腰を、ぬるめのお湯でじっくりあたためることで、全身にポカポカになった血液が広がります。夏は38～40度、冬は41度前後のお湯に、じわじわ汗をかくまで、30～40分つかりましょう。子宮や卵巣のある下半身を集中的にあたためることで、女性ホルモンの分泌が盛んになり、生理痛や生理不順の解消にも効果的です。

## ポカポカ習慣❷

# 温冷浴

数回、繰り返す

### 冷水を浴びる

湯ぶねから出て、約20度の冷水を30秒浴びます。慣れないうちは、ぬるめの湯で手や足など心臓から遠いところからかけるといいでしょう。シャワーの場合も、温水のあと冷水シャワーを浴びます。

### おふろにつかる

湯ぶねに42度以上の熱めのお湯を張り、1～2分つかります。肩までしっかりつかって全身をあたためましょう。時間がないときや湯ぶねには入れないときは、温水シャワーで全身をあたためてもOK。

## 最後に…

# 冷たい水で締める

“お湯につかる、冷水を浴びる”を数回繰り返し、最後は冷水を浴びて終了。水を浴びすぎると、しだいに寒けを感じるので注意して。

冬は、入浴で広がった毛細血管が、冷たい空気にさらされて熱を放出しやすくなるため、せっかくあたたまっても体がすぐに冷えてしまいます。湯冷めしやすい人は、温冷浴を試してみましょう。熱めのお湯につかり、次は冷たい水を浴びる。それを何度か繰り返し、最後は必ず、冷たい水で締めます。血管が拡張と収縮を繰り返すことで血行を促進。最後に血管をキュッと引き締めておくと、体が冷えにくくなって、ポカポカ感が長つづきします。

# 第4章

プチ筋トレ、ヨガ、ツボ押し etc.

# 体を動かして冷えや不調を整える習慣

妊娠力を上げるためには、体の中の血流や水分を滞りなく循環させることがたいせつです。忙しくて時間がない人、体を動かすのが苦手な人でもとり入れやすいツボ押しや、プチ筋トレ、ヨガなどをご紹介します。すき間時間にとり入れるだけで、体の中の流れがよくなり、赤ちゃんを迎え入れやすい体になっていきます。

いいこと習慣

□ 1

# 妊活にいいツボ①
# 「三《さん》陰《いん》交《こう》」

こんないいことが！

1 体の冷えを解消する

2 子宮の状態を整える

## 三陰交《さんいんこう》のツボの位置

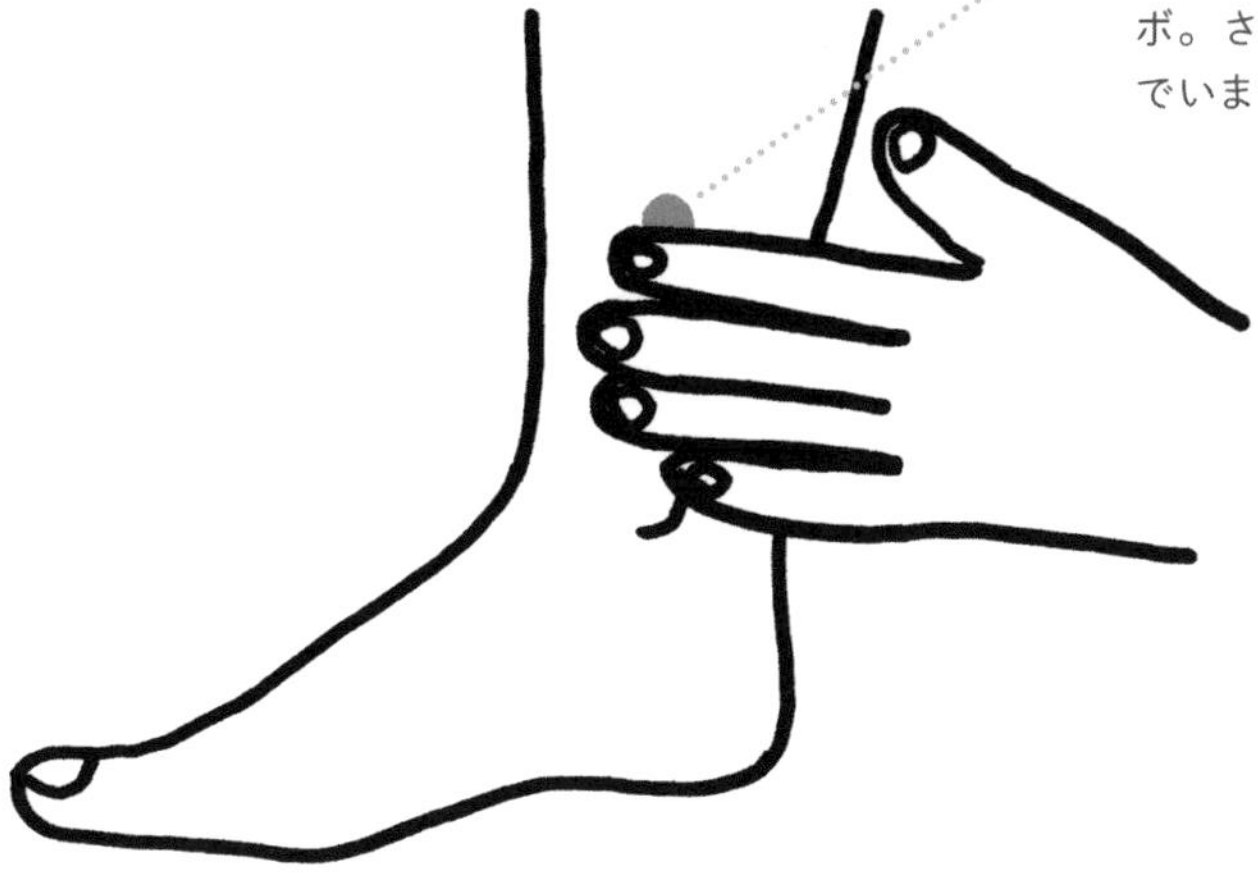
内くるぶしの中心から指4本分くらい上にあるツボ。さわると少しくぼんでいます

妊活において冷えは、妊娠をはばむ原因の一つです。下半身には冷えに効くツボがたくさんありますが、その中でも特に効果的なのが「三陰交」といわれています。また、三陰交には女性ホルモンの分泌を活性化する働きがあります。子宮を、赤ちゃんを迎え入れやすい状態に整えたり、生理痛などを緩和させたりする役割も担っています。「冷えている」「おなかが重だるい」と感じたときに親指のはらで垂直に押してみましょう。

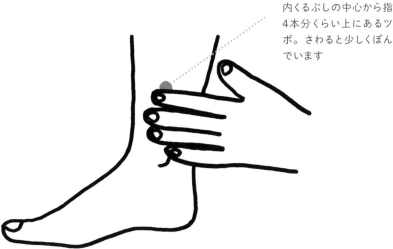

いいこと習慣

2

# 妊活にいいツボ②「百会《ひゃくえ》」

こんないいことが！

1 自律神経を整える

2 ストレス冷えに効く

## 百《ひゃく》会《え》のツボの位置

両耳の上を結んだ線と鼻筋からのびる線が交わるところにあるツボ。親指のはらや手のひらで押して

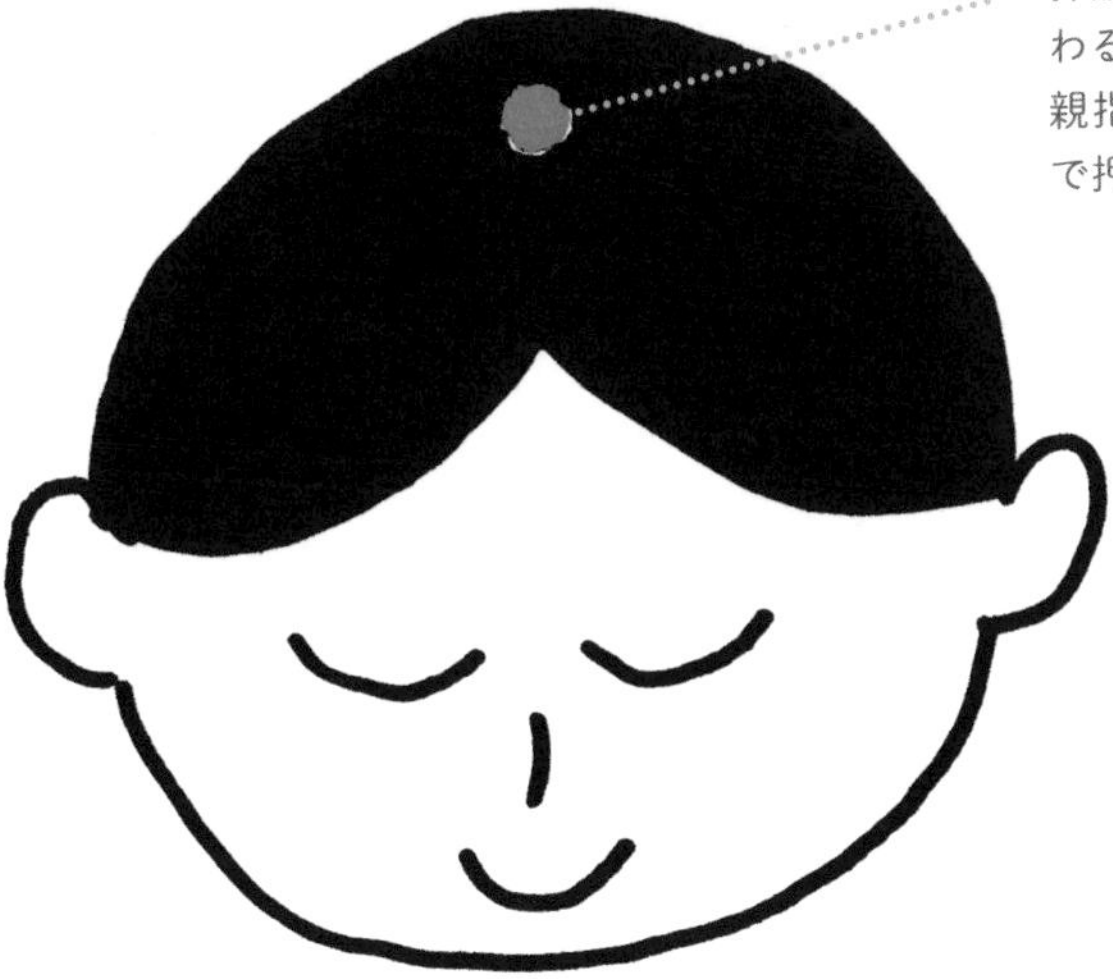

頭のてっぺんにあるのが「百会」です。百会は自律神経を整えて、血行を促進。緊張やストレスによる冷えを解消し、血流をよくしてくれるので、妊娠に必要な栄養がたっぷり子宮に届きます。

気のめぐりが集中する場所でもあり、押すと頭がスッキリ。心身のリフレッシュにも効果的です。さらに安眠を促してくれるから、寝つきが悪いときにもおすすめ。よく眠ることで女性ホルモンの分泌を促し、子宮や卵巣の動きを正常化してくれます。

いいこと習慣

3

# どこにいても指先モミモミで血行よく！

こんないいことが！

1 副交感神経の働きでリラックスできる

2 血流がアップし体全体のあたためかに

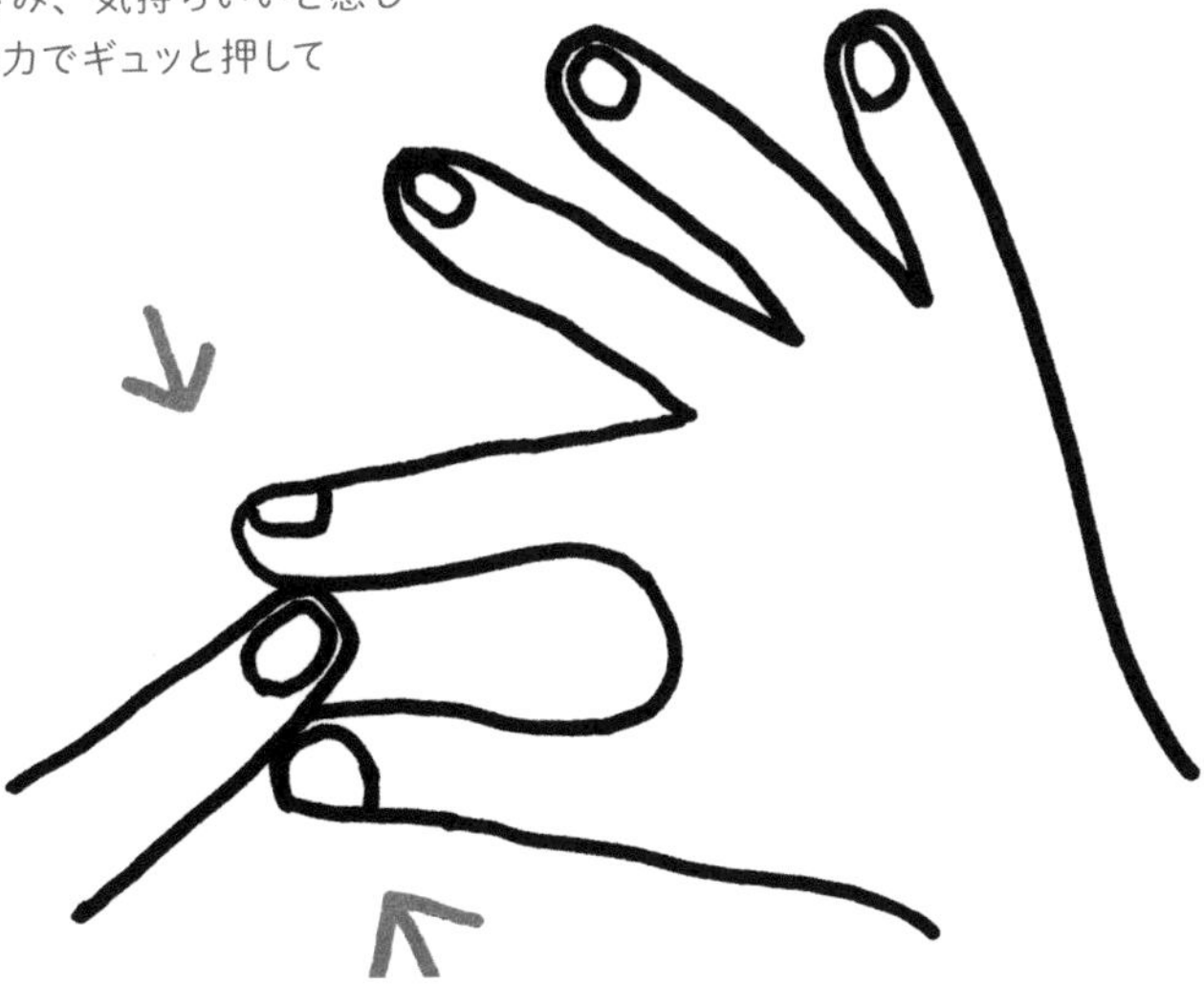
つめのつけ根を親指と人さし指のはらではさみ、気持ちいいと感じるくらいの力でギュッと押して

指先はさまざまな神経が集まっているところです。つめのつけ根を指で1分ほど押すと、副交感神経が優位になり、血流がアップ。体全体をリラックスモードにしてくれます。また、血のめぐりがよくなるので、手足から体全体がポカポカになり、十分な栄養や酸素が子宮や卵巣などへ行き届くようになります。手だけでなく足の指でもOK。どの指をもんでもかまいませんが、薬指だけは要注意！　緊張したりする交感神経につながるツボがあるので避けましょう。

いいこと習慣

4

# 駅の階段はもも上げのチャンス

こんないいことが!

1 熱を生み出して体温を上げる

2 移動時間を使って効果的に冷えを解消

通勤に電車を利用しているなら、階段を使ったもも上げ運動がおすすめ。大腿《だいたい》四《し》頭筋《とうきん》と呼ばれる太ももの筋肉は、体の中でいちばん大きな体積を占める筋肉です。大きな筋肉を動かすことで、体の中で熱がつくられ、体温を上げることができます。また、周辺にある子宮や卵巣をはじめ、下半身の冷えを解消してくれるメリットもあります。

階段を上るときは姿勢と股関節の動きを意識しましょう。背筋はまっすぐ伸ばし、視線は前にします。ひざを上げるときは股関節から太ももごと動かし、引き上げるように高く上げてください。後ろ足になったひざはできるだけ伸ばすようにすると、より筋肉を鍛えられます。

いいこと習慣

□ 5

# 家事をしながらつま先立ちで筋力アップ

こんないいことが！

1 下半身の血行がよくなり子宮や卵巣がイキイキ

2 足が引き締まりスタイルアップ

ふくらはぎは「第2の心臓」とも呼ばれ、ポンプのように収縮して下半身に届いた血液を心臓に送り返す働きを担っています。重力に逆らって血液を上へ上へと押し上げてくれるので、ふくらはぎを鍛えることで血行が促されるため、むくみの改善にもつながります。また、足の引き締め効果があるのもうれしいポイントです。

食器洗いや洗濯物を干すときなど、立ち仕事をしているときはつま先立ちでちょい筋トレをし、ふくらはぎを動かして血流アップをめざしましょう。ケガを防ぐため、つま先立ちトレーニングをする際は、足元が安定しているかをチェックしてから行ってください。慣れてきたら、つま先立ちで足踏みや、歩いてみると、さらに効果がアップします。

＼いいこと習慣／

6

# 掃除機は大また開きでゆっくりかける

こんないいことが！

1
下半身全体を動かすので筋力アップ

2
血のめぐりがよくなり老廃物を流してくれる

掃除機をかける時間は、実は筋トレをする絶好のタイミング。姿勢を意識するだけで太ももやおしり、下腹部が鍛えられ、血流や代謝アップにつながります。

まず、掃除機を持ったら足を前後に大きく開き、重心を下げて掃除をスタート。後ろ足を曲げれば曲げるほど、足に負荷がかかって筋力アップにつながります。前に倒れないよう背筋は伸ばし、つらくない程度に腰を落とすようにしてください。

掃除機のかわりにフローリングワイパーでもOK。足元がすべらないようスリッパは脱いだほうがいいでしょう。腰を落としたときに体がぐらつくなら、最初はテーブルなどにつかまりながら掃除機やワイパーを動かすのもアリです。

いいこと習慣

7

# デスクの下で足指じゃんけんグーパーグーパー

こんないいことが！

**1** 体全体の血行が促進されポカポカあたたまる

**2** ふくらはぎが刺激されむくみを解消

## 足指じゃんけんで冷えを解消！

グーのように足指をギュッと縮めたら、パーのようにパッと開いたりする動きを30秒〜1分繰り返してください

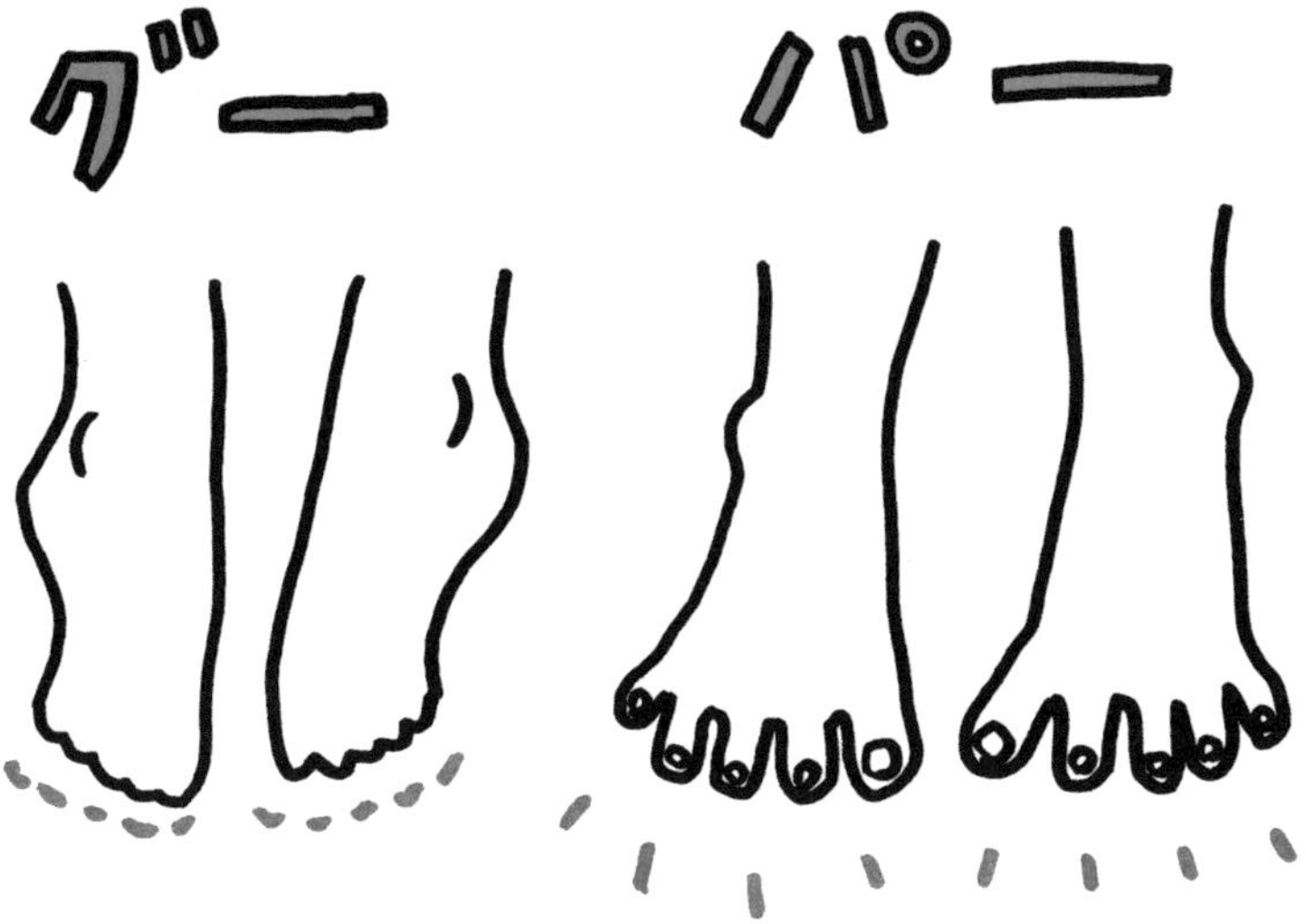


体内にある血管のうち、ほとんどが毛細血管です。不規則な生活などが原因で傷つきやすいのが特徴。ダメージを受けると、血液が滞る、手足が冷える、子宮や卵巣などに必要な栄養や酸素が届かなくなるなどが起こります。

それらを防ぐのにピッタリなのが、足指じゃんけんです。じゃんけんの「グー」と「パー」のように足の指を交互に動かすだけの簡単なもの。最初は30秒を目標に。慣れてきたら時間を延ばしたり、パートナーと足指じゃんけんで勝負したりするのもいいでしょう。足先にある毛細血管の血流がよくなれば、その先につながっている太い血管の流れもスムーズに。体全体の冷えが改善され、ポカポカしてくるのを実感できます。

授かる体へ！

# ウミヨガを試してみよう

さらなる妊娠力アップをねらうなら、ウミヨガに挑戦！　ウミヨガは妊娠しやすい体づくりを目的につくられたヨガメソッド。1万人もの体質改善を行ってきた木下由梨先生が考案し、不妊で悩む多くの女性を妊娠へと導きました。

ウミヨガには血行を促進し、基礎代謝を上げる効果があります。体の冷えで悩んでいる人も、ウミヨガの動きですみずみまで血液がめぐり、全身ポカポカ。ホルモンバランスも整い、生理痛や生理不順が解消します。無理のない動きで筋力もアップし、基礎代謝が上がって免疫力も増加。さらに骨盤のゆがみやねじれを解消し、卵巣や子宮が活動しやすい環境をつくる効果も。血行もよくなり、受精卵の着床率も上昇し、授かりやすい体へ導きます。

ストレス発散にもなるウミヨガ。運動習慣がない人でも無理なく始められるので、これを機会にぜひトライを。

## やる前に気をつけること

### ❶ ヨガは午前中がベター。食後は2時間以上あけて

ヨガをするなら朝がおすすめ。体の目覚めがよくなり、スッキリ起きられます。食後は消化器官に血液が集中するので、早くても2時間たってから行いましょう。

### ❷ 生理中でもOK。妊娠の可能性ありなら呼吸だけ

ヨガは生理中にしてもかまいません。体調がすぐれないときや妊娠の可能性があるときは、呼吸法のみでも十分。無理をしないようにしてください。

### ❸ ヨガマットがないならカーペットの上でもOK

ヨガマットがないときは畳やカーペットの上でも大丈夫です。フローリングの上で行うときは、少し厚めのバスタオルなどを敷くといいでしょう。

『新版DVDつき
妊娠力を上げる！ 妊活ウミヨガ』（主婦の友社）

いいこと習慣

8

# 妊娠力を上げるウミヨガ①「子宮ポカポカヨガ」

こんないいことが!

1 血行を促進して子宮を元気な状態に

2 筋肉が鍛えられ体温を上げて代謝アップに

下半身の血行を促進する

# スクワット

**初心者にも無理なくできるスクワット。
息を吐きながら腰を落とし、吸いながら上げましょう。
背筋が曲がらないよう気をつけて。**

## ❶ 両足を腰幅に開き、まっすぐ立つ

両足は腰幅に開き、両手は体の横に添えて姿勢を正して立ちます。

## ❷ 両手を肩の高さに上げ、ゆっくりと腰を落とす

息を吸いながら両手を肩の高さまで上げ、息を吐きながら腰を落とします。太ももと床が平行になるまでおろしましょう。

次のページへ

## ❷のポーズを横から見ると…

Point!

背中が
そらないように

簡単な動きですが、呼吸に合わせて、ゆっくり動くのがポイント♪
一つ一つの動作をていねいに行いましょう

## ④ 息を吐きながら ゆっくり両手をおろす

息を吐きながら両手をおろし、全身リラックス。②～④を7回繰り返します。

Point！

両手は上げたまま

## ③ 両手を上げたまま 息を吸って立ち上がる

②の姿勢から両手を上げたまま、息を吸いながらゆっくりと立ち上がります。

全身に血液が行き渡る！

# ばんざいのポーズ

**小さくかがんでから思いきり伸ばします。
伸ばす瞬間「パッ！」と口に出すとより爽快感アップ。**

## ❶ 両足を腰幅に開いて立つ

両足は腰幅に開き、両手は体の横に添えて立ちます。背筋を伸ばしましょう。

Point!

両手で
すくいとるように

## ❷ 両手で抱え込むようにかがむ

息を吸いながら、背中を丸めてかがみます。

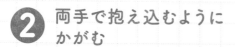

## 3 両手を思いきり上げながら つま先立ちで上へ伸びる

一気に息を吐きながら、両手を開いて大きく上げ、つま先立ちになって伸び上がります。最後は両手とかかとをゆっくりおろし、①に戻ります。これを7回繰り返します。

まずは座り方を覚えよう

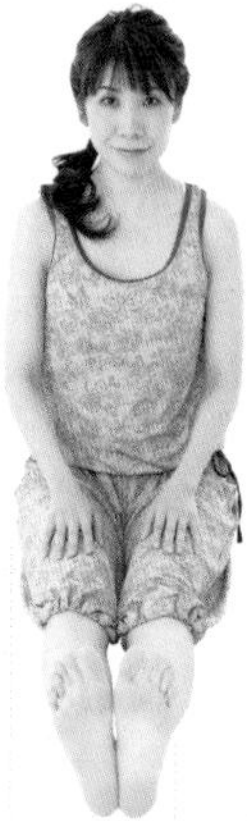

## 長座《ちょうざ》

両脚を投げ出し、背筋を伸ばして座ります。左右の坐骨が床にしっかりついているのを確認してください。

子宮に血液を送り込む

# ねじりのポーズ

**上半身をねじると子宮や卵巣への血流が促されます。ウエストまわりを引き締め、腸を刺激して便秘解消にも。**

## 1 右ひざを曲げ足うらを左脚の外側におく

長座から始めましょう。右ひざを曲げ、左脚の太ももの外側に足うらをおきます。

Point!

顔とへそは正面を向ける

## 2 左手で右ひざを抱え体をねじる準備をする

左手で右ひざを抱え込み、体のほうへ引き寄せます。

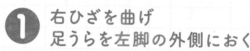

Point！

息がつづく限りキープして

## ❸ 顔から腰の順に上半身をねじる

右手を体の真後ろにおきます。息を吐きながら顔、首、背骨、ウエストの順に上から下へと意識しながら上半身をねじります。

Point！

頭から尾骨まで1本の線が通っていて、それが回転するイメージで

## ❹ 息を吐ききったら力を抜いて正面を向く

息を吐ききったら、ストンと力を抜いて体を正面に戻します。回数の目安は3回。逆の足も同じように行いましょう。

いいこと習慣

□

2

# 妊娠力を上げるウミヨガ②

## 「生理を整えるヨガ」

こんないいことが！

1

生理のときのプチ不調や気分の落ち込みをやわらげる

2

骨盤の開閉力を鍛えることで元気な子宮をキープ

体があたたまり、筋肉がほぐれる

# 毎日のフローポーズ

**できれば毎朝やりたいヨガポーズ。
一連の流れをゆっくりと行うことで、
筋肉がほぐれて、体があたたまってくるのを感じられます。**

## 1 右足を前にして片ひざで立ち、両手を上げる

右足を前に出して片ひざで立ち、両手を組んで頭上にまっすぐ引き上げます。両手は人さし指を立てて組みましょう。

## 2 両手は上げたまま右ひざを曲げて重心を下げる

息を吐きながら右ひざを曲げて重心をおろし、息を吸います。上半身が倒れないように気をつけて。

Point! 仙骨をまっすぐに立てて

次のページへ

## ❸ 息を吐きながら上半身を後ろにそらす

息を吐きながら上半身を後ろにそらします。頭だけが後ろにいかないように注意しましょう。

## 4 ①の姿勢に戻って両手を床につける

上半身をまっすぐに戻し、①の姿勢に戻ります。息を吸いながら両手をおろして床につけます。

## 5 右足を後ろに引いておしりを高く上げる

右足を引いて、両足を腰幅程度に開き、息を吐きながらおしりを引き上げます。

次のページへ

## 6 つま先を立てて おしりを下げ、胸を前に

つま先を立て、息を吸いながらゆっくりとおしりを下げ、同時に胸を前に出します。

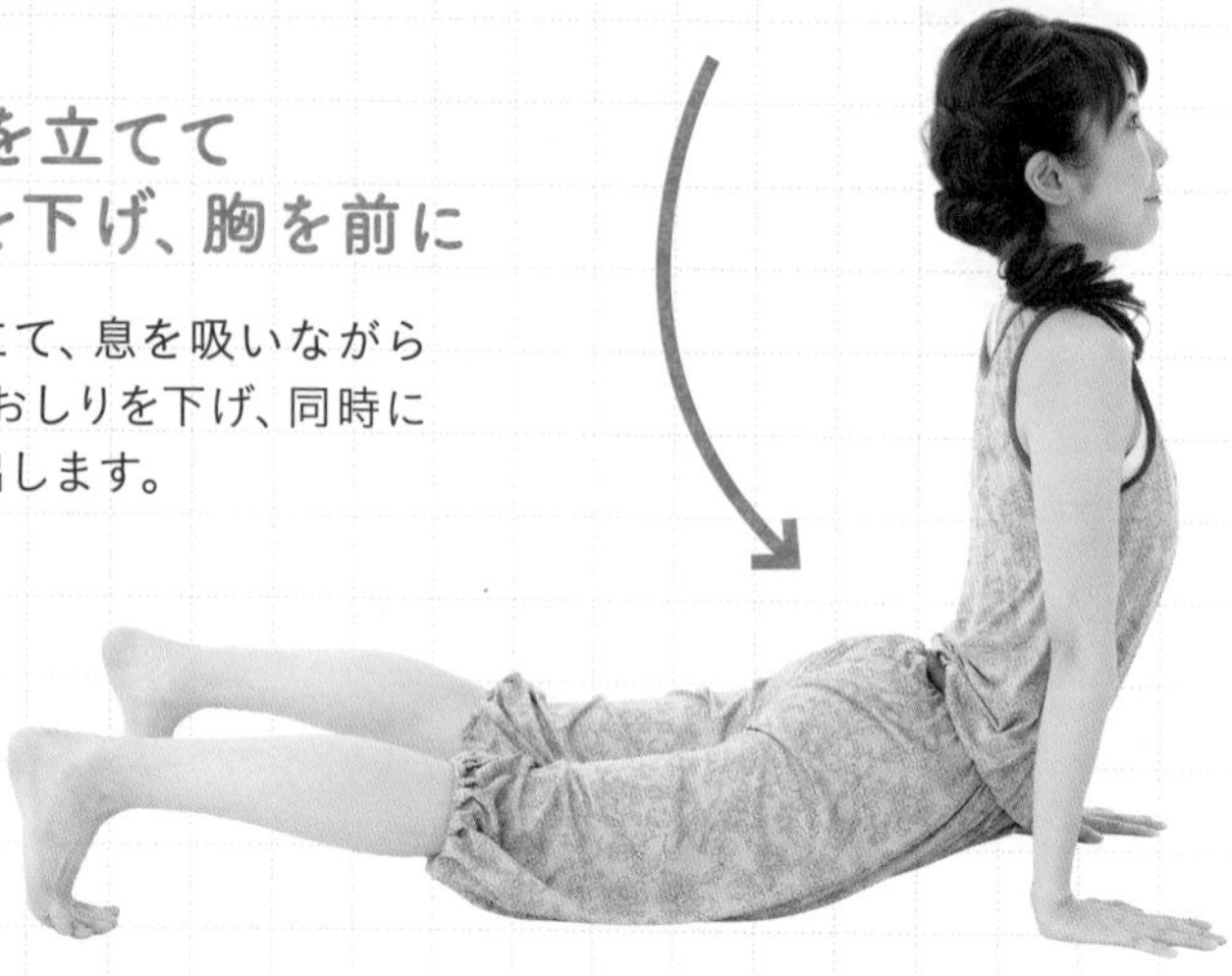

Point! かかとを上げてアキレス腱を伸ばす

## 7 背中をそらし 顔は真上へ

気持ちのよいところまで背中をそらします。このとき、太ももは床についていてもOKです。

Point! 太ももは床についてOK

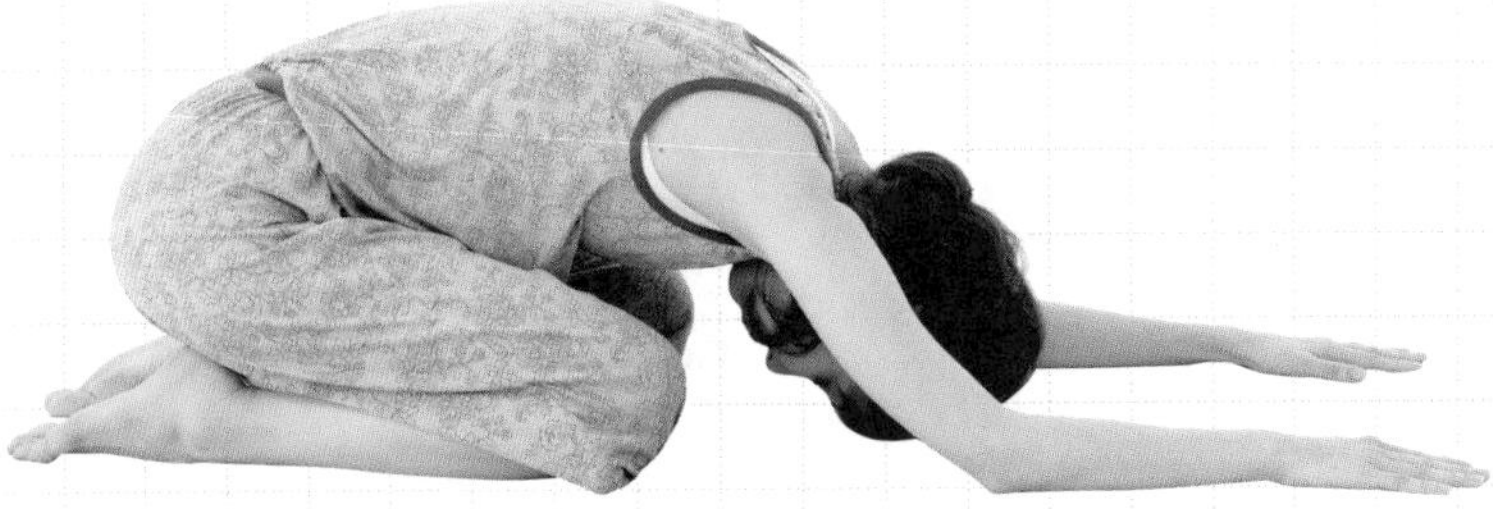

## ❽ 正座から体を前に倒し手を伸ばして脱力

背中が気持ちよく伸びたら正座になり、息を吐きながら上半身を前に倒します。ひじは前に伸ばし、手のひらを床につけ、ストンと力を抜きます。①に戻り、逆の足でも同じようにやりましょう。回数の目安は1回です。

時間がないとき、マットを広げる場所がないときは、呼吸法を試すだけでもインナーマッスルを鍛えることができるよ

## 数息《すうそく》呼吸

❶ 両足のかかとが前後に重なるように座ります。足の甲を太ももののつけ根にのせるなど、自分が楽な座法でゆったり座りましょう。

❷ 息を吸います。下腹部、上腹部、胸、鎖骨、のどの順に空気を満たすイメージで呼吸に意識を集中させます。

❸ 次に、数を数えながら息を吐きましょう。下腹部、上腹部、胸、鎖骨、のどの順に息を吐ききり、これを10回程度繰り返します。

第5章

生活習慣の見直しが大きなカギ！

# 男性が特に気をつけたい妊活にいいこと習慣

妊活は、男女が協力してとり組むもの。女性だけががんばるものではありません。男性側にも気をつけたいポイントがあります。生活習慣をふり返り、悪いことはやめる、いいことはとり入れる。その姿勢が夫婦の信頼関係を強くします。できる範囲で〝いいこと習慣〟を身につけて、ふたりいっしょに妊娠力の底上げをしてみませんか。

## オモテにはあらわれない原因も…！

# 不妊の原因のうち、約半数が男性側にも！

妊活をするのも、不妊治療をするのも女性中心というイメージが強いからでしょうか。「赤ちゃんがほしい」と思っても、自分は何をやっていいかわからない男性も多いようです。〝妊活にいいこと〟は、女性ひとりでやるものではありません。ぜひ楽しんで、男性もできることをとり入れてみましょう。

ＷＨＯ（世界保健機関）によると、不妊の原因は、女性6割、男性4割といわれています。見た目には何も不調はなくても、不妊の原因がある可能性だってあるのです。男性側にある不妊の、原因は、大きく3つ。1つ目は、精子をつくる機能に問題があるケース。精子の数が少ない乏精子症、精子に元気がない精子無力症、精子をつくれない無精子症などがあります。2つ目は、精子の通り道である「精管」トラブルがあるケース。精管が詰まっている、ふさがっているなどで、精子が女性の体内までたどり着けません。3つ目は、勃起障害。セックスの際に十分に勃起しないＥＤ（勃起不全）などがあります。でも、必要以上に恐れることはありません。精子の数が少なかったり元気がなかったりする場合、日常生活を少し変えることで改善する可能性がありますし、それ以外も医療機関を受診することで妊娠の可能性が高くなります。ＥＤで悩む場合、男性の精子を、器具を使って女性の体内に注入する「シリンジ法」（自宅でできる）で妊娠できるケースも。妊活をつづけて不安を感じることがあったら、まずは精液検査を受けてみましょう。

## 男性側の不妊原因は主に3つ

### ❶ 精子をつくる機能に問題発生

なんらかの理由で精子の数が少ない、精子の運動率が低い、正常な精子が少ない、などのトラブルが起こります。精液中に精子がゼロの無精子症のケースも。無自覚なことが多いです。

### ❷ 精子の通り道が詰まっている

精子自体はいるものの、通り道である精管が詰まっている状態。射精した精液中に精子がいないケースや、出口とは逆の膀胱側に射精されてしまうケースも該当します。

### ❸ 勃起障害

タイミングをとるときに十分に勃起しないED（勃起不全）や、女性の腟内に射精できないなどのトラブルです。ストレスが原因で引き起こされることが多いようです。

いいこと習慣

1

# 禁煙しよう

こんないいことが！

DNAに異常を抱えている精子が少なくなり妊娠率が上がる

たばこをやめれば
精子の質が変わる！
バイ
バイ

たばこを吸っている男性の場合、喫煙によって精子濃度が15～25％ほど減少、精子の運動率も10～17％くらい減るといわれています。精子がダメージを受けて、精子のDNAがちぎれてしまう「DNA断片化」というトラブルを引き起こすことも。正常な精子が減ると受精率が下がり、せっかく妊娠しても流産しやすくなる、先天性異常が出る確率が上がるという問題もあります。また、ニコチンの血管収縮作用で血流が悪くなるため、ED（勃起不全）のリスクもあります。

妊活するなら、男女ともにきっぱり禁煙を。なかには「実際、たばこの影響ってほんとうにあるの？」と考え、たばこをなかなかやめない男性もいますが、「この人は妊活を真剣に考えているのかしら？」「私はこんなにがんばっているのに……」と、女性側のストレスに。いきなり禁煙が無理なら、少なくとも減煙して、精子の質や状態をよくする努力を。

いいこと習慣

2

# 長サウナとひざ上パソコンはやめましょう

こんないいことが！

あたためすぎないほうが
元気のある精子を
たくさん
つくることができる

## 股間はいつも涼しく体温以下をキープ

精子をつくる精巣のあたためすぎに要注意。精子は熱に弱く、あたためすぎると元気がなくなってしまいます。そもそも精巣が体の外にあるのは体温の影響を受けずに適温を保つため。精子をつくるためには、体温より2~3度低めが適しているといわれています。

サウナに頻繁に通っている「サウナー男子」は、少し回数をセーブして。せめてパートナーの排卵日3日前からはサウナ通いを控えましょう。もちろん、たまにサウナに行くのはリラックス効果もあるので問題ありません。

できれば避けたいのが、ひざ上でのパソコン作業です。ひざの上にノートパソコンをのせて仕事などをすると、パソコンの熱によって精巣の温度が上がってしまいます。実際、熱くなっているなと思いながらパソコンに向かっている人も多いのでは？　そうはいっても机がないなど、やむをえない場合もあるので、そんなときは短時間で終わらせるようにしましょう。

＼いいこと習慣／

□ 3

# 禁欲しすぎない

↓

こんないいことが！

精子の量は
中1日で元どおりに！
無理にためないほうが
フレッシュさをキープ

## ため込まないで 数より質で勝負！

妊娠の確率が高い「勝負の日」に向けて、男性がコンディションを整えておくのはとてもたいせつなことです。だからといって、長期の禁欲はかえって逆効果。なぜなら、禁欲期間が長ければ精子の数はふえますが、精子が古くなるために、質が低下してしまうからです。

精子は次々につくられているので、長期間射精がないと、精巣内に古い精子がたまってしまいます。すると新しい精子をつくる力が低下。また、精子のＤＮＡがちぎれる断片化や運動率の低下など、精子の質の低下をもたらします。がまんはせず、週に何回かは出すようにしましょう。

通常は射精後、中1日ほどで精子の数は元に戻ります。基本的には1日あいていれば問題なく「勝負」することができます。ただし、精子の量が少ないことがわかっている人の場合は、2日ほど禁欲期間をとったほうがいいケースもあります。

いいこと習慣

4

# ぴったりブリーフより
# ゆとりトランクス

こんないいことが！

風通しのいい下着は
股間に熱がこもらず
蒸れないから
精子の運動率アップ！

## 風通しがいいと精子が活発に！

いま、ブリーフやボクサーパンツを愛用している男性は、思いきってトランクスにかえましょう。体にぴったりフィットするタイプの下着は、蒸れて熱がこもりやすく、股間の温度が上昇しがちです。ブリーフを着用しているだけで、もしかしたら精子にダメージを与えている可能性があります。

元気がいい精子をたくさんつくるためには、精巣の温度が上がってしまうのを避けることが大事です。また、綿などの通気性がよく吸湿性にすぐれた素材の下着を選ぶように心がけましょう。最初は、いままでとタイプの違う下着で「スースーして落ち着かない……」と感じる人もいるようですが、そのうちに慣れてくるでしょう。逆をいうと下着の種類をかえるだけで、精子の状態がよくなる可能性があるのだから、やらない手はありません。さっそくお気に入りのトランクスをゲットしましょう。

いいこと習慣

5

# お酒は適量楽しんで！

こんないいことが！

お酒が精子に与える影響はほぼなし。適度に楽しむならストレス発散に！

# 量を守れば お酒はふたりの味方

仕事のつきあいなどでなにかとお酒を飲む機会が多い男性。「妊活中もいままでどおりに飲んでいても大丈夫なのかな？」と心配なカップルもいるかもしれませんね。安心してください！　お酒を飲んでも、適量を守れば精子の量や精子の数、運動率などに大きな影響はないと考えていいでしょう。

お酒を飲むといい気分になり、リラックス効果やストレス発散の効果もあります。でも、深酒はNG。つい飲みすぎて眠くなってしまったり、酔いつぶれてしまったり、たいせつな日にタイミングをとることができなくなってしまっては、元も子もありません。

日ごろからしっかりパートナーとコミュニケーションをとるように心がけ、男性も「きょうは夕イミングをとる日だな」と把握しておくと、お酒の量をセーブしたり、うっかり飲み会を入れてしまうことも減ったりするはず。いつも飲みすぎてしまう傾向にある人は、たいせつな日の飲酒は控えるようにしてください。

# 西 弥生

産婦人科専門医・生殖医療専門医

医学博士。桜の芽クリニック院長。日本医科大学卒業後、日本医科大学産婦人科学教室へ入局。杉山産婦人科勤務を経て、桜の芽クリニックを開設。20年以上にわたり、不妊治療に携わる。漢方治療から高度生殖補助医療まで幅広い治療を行っている。
https://sakuranome.tokyo/

【監修】序章、1章、1章コラム、5章

# 石原新菜

内科医

イシハラクリニック副院長。漢方医療、自然療法などにより、治療にあたる。わかりやすい医学解説に定評があり、テレビ、ラジオ、執筆活動など幅広く活躍中。東洋医学にもくわしく、冷えに関する著書多数。2児の母。
https://www.ninaishihara.com/

【監修】1章、3章、3章コラム、4章

## 細川モモ

予防医療コンサルタント

一般社団法人ラブテリ代表理事。アメリカで最先端の栄養学を学び、栄養アドバイザーの資格を取得。医師、栄養士による予防医療チーム「ラブテリ トーキョー&ニューヨーク」主宰。食と母子の健康に関する共同研究を複数手がける。
公式ブログ　https://www.luvtelli.com
Instagram　@momohosokawa

【監修】1章、2章

## 木下由梨

ウミヨガマイスター

ヨガを基本に、整体、ピラティス、鍼灸、食養生や心理学をとり入れた指導を行う。関西を中心に長年 にわたり1万人もの体質改善を指導。女性の妊娠率アップなど実践的な指導に定評がある。妊活メディア『赤ちゃんが欲しい』でも人気。

【監修】4章（ウミヨガ）

STAFF

表紙イラスト　Noritake
本文イラスト　中村久美
ブックデザイン　坂田佐武郎、桶川真由子（Neki inc.）
構成・文　高橋知寿
編集担当　市川陽子（主婦の友社）

妊活《にんかつ》にいいこと大全《たいぜん》
令和2年11月20日 第1刷発行
令和3年11月10日 第2刷発行

編者　主婦の友社
発行者　平野健一
発行所　株式会社主婦の友社
〒141-0021　東京都品川区
上大崎3-1-1 目黒セントラルスクエア
電話03-5280-7537（編集）
03-5280-7551（販売）
印刷所　大日本印刷株式会社


Printed in Japan　ISBN978-4-07-444903-3